周文化传承丛书

德 行 卷

总主编◎傅乃璋　　本卷主编◎马庆伟

岐山周文化研究会　编

中国文史出版社

图书在版编目（CIP）数据

周文化传承丛书. 德行卷 / 傅乃璋总主编；马庆伟主编；岐山周文化研究会编. —北京：中国文史出版社，2023.12

ISBN 978-7-5205-4369-9

Ⅰ.①周… Ⅱ.①傅… ②马… ③岐… Ⅲ.①周文化（考古学）－研究 ②德育－研究－中国－周代 Ⅳ.①K871.34 ②G41

中国国家版本馆CIP数据核字（2023）第 232949 号

责任编辑：王文运　赵姣娇

出版发行：中国文史出版社

社　　址：北京市海淀区西八里庄路69号　邮编：100142

电　　话：010-81136606　81136602　81136603（发行部）

传　　真：010-81136655

印　　装：陕西省岐山彩色印刷厂

经　　销：全国新华书店

开　　本：787mm×1092mm　1/16

总 印 张：109

总 字 数：1406千字

版　　次：2024年9月北京第 1 版

印　　次：2024年9月第 1 次印刷

总 定 价：360.00元（全八册）

序

宫长为

习近平总书记指出："中华优秀传统文化是中华文明的智慧结晶和精华所在，是中华民族的根和魂，是我们在世界文化激荡中站稳脚跟的根基。"传承中华优秀传统文化，弘扬中华民族精神，推动中华优秀传统文化创造性转化、创新性发展，是增强文化自觉、坚定文化自信、培育和践行社会主义核心价值观、建设社会主义文化强国的必然要求，也是历史和时代发展的必然要求。因此，我们要特别重视挖掘中华五千年文明中的精华，弘扬中华优秀传统文化，要从根脉抓起。周文化是儒家文化的源泉，是中华优秀传统文化的主要根脉。

李学勤先生指出："研究周文化，要把目光集中到作为周人发祥地的岐山周原。在整个西周三百年间，岐周一直保持着政治上中心之一的地位，而且从当今的工作来说，探求周文化一定离不开岐周。"这为我们研究周文化指明了方向。岐山是一块物华天宝、人杰地灵的宝地。3000多年前，居住在豳地的周部族首领古公亶父，因受到戎狄部落侵扰，便率部众离开故土，渡过漆水、沮水，翻越梁山，迁徙到岐下周原。在这块钟灵毓秀的土地上，他们修建都邑、建邦立国，拉开了翦商崛起的序幕。历经王季、

1

文王、武王数代人的共同努力，周人励精图治、自强不息，终于推翻了殷商王朝，建立了西周王朝。后继之君成王、康王在周公旦、召公奭、太公望等重臣的辅佐下，开创了我国历史上第一个治世——成康之治。与此同时，周人也创造出博大精深、泽被千秋的周文化。以周公旦为代表的统治者，总结并吸取了夏商两代灭亡的教训，在治国理政的实践中提出了"以德配天""敬德保民""明德慎罚"等德政思想，尤其是他们所创立的礼乐制度对后世产生了深远的影响。周文化是中华优秀传统文化的基石，是中国古代文明发展的高峰。在历史长河中，伏羲、女娲、神农三皇时期，是中华文明的奠基阶段，黄帝、颛顼、帝喾、尧、舜五帝时期是中华文明的开创阶段，而在夏商周三代，中华文明进入了长足发展的阶段，周文化已经显示出人类文明达到了一个前所未有的新高度。岐山作为周原的核心区域之一，文化底蕴深厚，周文化遗存极为丰富，这为我们研究周文化提供了珍贵的资料。

2015年至今，中国先秦史学会周公思想文化研究会在岐山县举办了五届周文化暨周公思想文化研讨会，我因此与岐山结下了不解之缘，也结识了一些岐山朋友。令我印象深刻的是：岐山作为一个文化大县，当地政府非常重视文化建设工作，有一批情系乡梓、热爱地方优秀传统文化的有识之士，每次去岐山，都能在文化建设方面看到新成果。将传承弘扬周文化与培育和践行社会主义核心价值观及乡风文明建设相结合，是岐山县在新时代精神文明建设、公民道德建设和文化建设工作方面的一大创举。2015年10月，全国首届周文化暨周公思想文化研讨会在岐山召开，时任岐山县政协主席傅乃璋先生带领县政协一班人，组织岐山学人历时 4 年，编撰出版了一套八卷本的《周文化丛书》，为当时的研讨会献上了一份厚重的贺礼。《周文化丛书》是岐山县在文化建设工作方面取得的丰硕成果之一，也是中国周文化研究最重要的成果之一，为传承弘扬周文化、宣传岐山作出了重要贡献。陈宗兴、李学勤、孟建国三位先生为丛书作序，予以高度评价。

近年来，受疫情影响，我去岐山的机会少了，但一直关注着岐山周文化研究和文化建设等方面工作。傅乃璋先生乡梓情深，热衷于周文化传承弘扬工作，退休后当选为岐山周文化研究会会长，继续发挥余热。他带领岐山周文化研究会同仁，深入贯彻岐山县第十八次党代会精神，切实落实岐山县委、县政府"做活周文化"战略部署，历时 3 年，数易其稿，精心编撰出一套由《勤廉卷》《德行卷》《诚信卷》《家风卷》《教育卷》《孝道卷》《礼俗卷》《人物卷》共八卷组成的《周文化传承丛书》，基本上涵盖社会主义核心价值观与公民道德建设的方方面面，成就显著。这套丛书与 2015 年出版的《周文化丛书》交相辉映、相得益彰，互为姊妹篇章。这套丛书以传承周文化、弘扬中华传统美德、培育和践行社会主义核心价值观、助推乡风文明建设为宗旨，将周文化思想理念、历史典故、伦理道德、传统美德、礼仪民俗、家风家训、名言警句、岐山教育、岐山名人、现代岐山人先进事迹等融为一体，具有较强的思想性、理论性和可读性，是一套传承和弘扬周文化、培育和践行社会主义核心价值观，推进精神文明建设、公民道德建设和乡风文明建设的文化精品。对传承和弘扬地方优秀传统文化、推进岐山县高质量发展具有重要的借鉴价值和现实意义。

《周文化传承丛书》出版在即，傅乃璋先生邀我为丛书作序，盛情难却，写下以上文字为序，是否妥当？敬请广大读者指正。希望这套丛书能得到广大读者朋友们的欢迎，也期盼大家多提宝贵意见，共同将中华优秀传统文化发扬光大，为增强文化自觉、坚定文化自信，建设社会主义文化强国作出更大贡献。

2023年12月于北京

（宫长为：中国先秦史学会会长、中国社会科学院中国历史研究院古代史研究所研究员）

目　录

序　宫长为 ………………………………………………… 1

概述 ……………………………………………………………… 1

第一章　个人品德 ……………………………………… 5

仁爱 ………………………………………………………… 7

正义 ……………………………………………………… 13

尚礼 ……………………………………………………… 18

明智 ……………………………………………………… 23

诚信 ……………………………………………………… 29

正直 ……………………………………………………… 33

气节 ……………………………………………………… 38

勇毅 ……………………………………………………… 41

谦恭 ……………………………………………………… 46

宽恕 ……………………………………………………… 50

第二章　家庭美德 ……………………………………… 55

孝敬 ……………………………………………………… 57

慈爱 ……………………………………………………… 62

和睦 ……………………………………………………… 66

友爱 ……………………………………………………… 72

礼让 …………………………………………………… 76

勤俭 …………………………………………………… 80

家风 …………………………………………………… 87

家训 …………………………………………………… 92

第三章　职业道德 ………………………………………… 99

敬业 …………………………………………………… 101

奉献 …………………………………………………… 106

公正 …………………………………………………… 111

廉洁 …………………………………………………… 117

勤勉 …………………………………………………… 124

尊贤 …………………………………………………… 130

团结 …………………………………………………… 135

友善 …………………………………………………… 141

第四章　社会公德 ………………………………………… 147

爱国 …………………………………………………… 149

奉公 …………………………………………………… 155

守法 …………………………………………………… 160

明礼 …………………………………………………… 167

尊师 …………………………………………………… 173

敬老 …………………………………………………… 177

感恩 …………………………………………………… 181

济困 …………………………………………………… 186

第五章　道德修养 ………………………………………… 193

立志 …………………………………………………… 195

养德 …………………………………………………… 198

好学 …………………………………………………… 201

内省 ··· 203

慎独 ··· 206

自律 ··· 209

改过 ··· 212

自强 ··· 215

第六章　道德境界 ································· 219

君子之境 ··· 221

仁者之境 ··· 223

大贤之境 ··· 227

圣人之境 ··· 231

参考文献 ··· 236

后记 ··· 238

跋　傅乃璋 ··· 241

概　述

　　中华民族自古以来就是一个崇尚德行、注重修养、讲究礼仪的民族，素有礼仪之邦、文明古国之美誉。古人讲："小德川流，大德敦化，此天地之所以为大也。"（《中庸·第三十章》）意思是小的德行如江河一样川流不息，大的德行敦厚纯朴、化育万物。这就是天地的伟大之处啊！正所谓"国无德不兴，人无德不立。"德如春雨，润物无声，教化万民，发挥着定江山、安社稷、兴国家、稳纲常、抚百姓的重要作用，长期以来维系着我国古代社会的稳定。因此，历代先贤无不将德行视为一个人修身养性、做人做事、处世立业的基石，经过长时期的历史实践，将伦理道德渗透到"修身、齐家、治国、平天下"实现人生理想的过程之中，从而建立起一套从个人到家庭、职业、社会、国家不同层面的伦理道德体系。

　　纵观周人发展史，周部族的崛起靠的是德，他们以德立国、以德治国、以德兴国、以德服人，从而以德赢得天下归心。从本质上讲，周文化是以伦理道德为核心特质的文化体系，它是周人在农耕文明基础上，立足于本部族文化，总结和汲取炎黄文化与夏商文化优秀成果，在生产生活和治国理政的实践过程中，创立的一种以"天"为精神信仰，以"德"为价值原则，以"孝"为伦理观念，以"民"为立邦之本，以"礼"为治国之法，以"和"为行动准则，以"敬天、法祖、崇德、尚礼、保民、孝亲、尊贤、重教、敬老、慈少、笃仁、慎罚"等为核心思想理念，完整而协调的伦理道德文化体系。这一文化体系奠定了中华传统伦理道德的基础。3000多年前，周太王古公亶父率族人迁于岐下周原，建邦立国，奠定周人崛起的基石，成就了岐山是周文化发祥地的重要地位。从太王迁岐到文王迁丰，从武王伐纣到平王东迁，从制礼作乐到成康之治，周人在治国理政的实践过程中，提出了"德""孝"等观念，并运用于治国理政的实践中，形成了以"德"为核心的德政思想，以"孝"为核心的伦理道德观念。"有德有孝"（《诗经·大雅·卷阿》）既是西周时期贵族必须具备的个人品德，又是当时统治者阶层以德治国的具体体现，更是中华传统伦理道德的源泉。

清华大学国学研究院院长陈来先生在《中华传统文化与核心价值观》一文中指出："我国的传统美德形成于西周春秋时代，定型在孔孟荀早期儒家思想。"在"家国同构"的西周宗法社会体系中，"孝"属于家庭与家族的道德伦理范畴，"德"包括敬天、孝祖、保民等内容，两者既有区别，又有密切联系。西周初期，以周公旦为代表的统治者总结了商朝灭亡、西周兴起的经验教训，提出了"以德配天""敬德保民""惟德是辅""明德慎罚""怀德维宁""德主刑辅"等德政思想，一方面将统治者的个人品德与天命联系起来，强调了统治者的个人品德关系到民心向背、政权巩固和社会稳定；另一方面指出统治者只要勤修德政，人民就会拥护，国家就会安宁，天下就会大治。文王、武王、成王、康王、周公、太公、召公等都是历史上勤修德政的典范，他们是历代帝王和贤哲学习的榜样。尤其是周公，可以说是周人美德之集大成者，从一定意义上讲，他是中华传统伦理道德的先驱。经过周代先贤的实践和努力，已经基本上形成了中华传统伦理道德体系的雏形。

孔子是周公思想的主要继承者、弘扬者和践行者，他之所以推崇周公，是因为以周公为代表的周代圣贤所创造的周文化体现了伦理道德、民本思想、人文精神和理想政治。孔子继承了周公的思想，创立了儒家学派，并将德政思想发扬光大，成为中华传统伦理道德的奠基人。随着汉武帝推行"罢黜百家、独尊儒术"的国策，儒家思想成为中华传统文化的主流思想，由此形成了讲仁爱、重民本、守诚信、崇正义、尚和合、求大同的中华传统道德理念和伦理道德价值体系，对我国和东亚地区乃至全世界都产生了极为深远的影响。"德"在现实社会中的影响是无处不在的，它是个人道德品行的体现，通俗地称之为"德行"，最早出自《周易·节卦》中"君子以制数度、议德行"，这里的"德行"就有道德与行为的意思。德行既重道德，更重行为，它是评判一个人道德人品高低的标准，对我国古代社会产生了深远的影响。

习近平总书记强调："培育和弘扬社会主义核心价值观必须立足中华优秀传统文化。牢固的核心价值观，都有其固有的根本。抛弃传统、丢掉根本，就等于割断了自己的精神命脉。"从中华优秀传统文化中汲取智慧和力量，增强实现中华民族伟大复兴的精神力量，是新时代的重大课题之一。《德行卷》旨在立足地方优秀传统文化，挖掘周文化这座富矿，传承中华传统美德，弘扬社会主义核心价值观，传递社会正能量。更期望该书能为助力实施"四大战略"、建设"四个岐山"，奋力谱写岐山高质量发展新篇章贡献一点绵薄之力。

第一章 个人品德

　　中华民族历来重视个人品德修养，一直有"修身、齐家、治国、平天下"的优良传统，这在深层次上反映了古代先贤们由内而外、由己及家、由家及国，修身立德、敢于担当的家国情怀和追求至真、至善、至美的道德理想。当然，个人的品德不是天生的，而是后天培养出来的，因此我国古代先贤们十分重视道德的修养和教育，提出了"德教为先""修身为本"等道德修养和道德教育的理论思想，并形成了博大精深、内容丰富、独具特色的中华传统道德伦理体系。

　　社会整体道德水平的提高，首先得从个人道德水平提高开始，那么，什么是个人品德呢？它是指通过个人自觉的道德修养、家庭道德教育和社会道德教育三个途径，使个人形成良好的心理状态和行为习惯，通俗地讲就是个人的人品道德，这是一个人立身处世的根本。它表现为个体对某种道德要求的强烈认同，对道德情感的充分表达，对社会道德规范的遵从践行。在日常生活中，最基本的个人品德规范就是：做人坚持原则，做事坚守底线。《新时代公民道德建设实施纲要》提出："推动践行以文明礼貌、助人为乐、爱护公物、保护环境、遵纪守法为主要内容的社会公德，鼓励人们在社会上做一个好公民。"社会主义核心价值观从个人层面提出相关道德规范和要求，这为新时代我国公民个人品德修养明确了目标，指明了方向。

周文化是中华优秀传统文化的重要源头之一。周部族自迁往岐下周原、建邦立国以来，历代国君非常注重个人品德修养，并将这一优良传统深植于周原大地，在后世开花结果。在今天，中华优秀传统文化中关于个人品德修养方面的内容依然值得我们学习和借鉴，我们应坚持以社会主义核心价值观为引领，在传承这些优秀传统文化的同时，要注意它们的时代局限性，摒弃不符合时代要求的内容。对此，我们应该有正确的认识。

仁 爱

《论语·颜渊》云："一日克己复礼，天下归仁焉。"仁爱通俗地讲就是仁慈、善良的意思，即同情、爱护和帮助人的一种思想感情，是人与人之间的相处之道。早在先周时期，周太王、周文王就以仁德治国而著称。仁爱是我国传统道德中最重要的规范之一，被儒家列为"五常"（仁、义、礼、智、信）"四端"（恻隐之心，仁之端也；羞恶之心，义之端也；辞让之心，礼之端也；是非之心，智之端也。《孟子·公孙丑》）之首和"三达德"（智、仁、勇）之一，是中华民族传统美德的核心价值理念和基本要求。孔子认为仁爱是一种崇高境界和理想人格，是做人最起码的道德准则，这一思想为历代大儒所推崇。

【历史典故】

灵台葬骨 仁者典范

周文王，姬姓，名昌，我国商朝末期杰出的政治家、军事家，西周王朝的奠基人。他担任商王朝西方诸侯国的方伯，是西方诸侯的首领，所以又称西伯侯、西伯昌。

周文王敬老尊贤，礼贤下士，以仁德治理周国。相传文王即位后的第八年，周国发生地震，闹得人心惶惶。文王认为这是上天的警示，就更加广泛实施仁政。地震过后不久，文王准备修建一座灵台，一来可以观测天文现象，作为预防灾害、制定历法的依据；二来可以作为百姓登高望远、观赏风景的场所，与民同乐。

有一次，工地挖到了一具人的枯骨，负责官吏就向文王报告这件事情。文王说："准备一副棺材，按照礼仪安葬到别的地方吧！"官吏说：

"这具尸骨是无主的，也不知道是哪一家人葬在这里的，随便处理一下就行了，干吗要这么认真呢?"文王严肃地说："管理天下的君主，就是天下的主人；管理一国的诸侯，就是一国的主人啊！这具枯骨是在我们这里挖出来的，我不就是他的主人吗?"于是，文王下令按照当时的礼仪，将这具尸骨安葬在一个墓地里。

百姓们听说这件事后，无不赞颂文王仁爱贤德。他们说："文王的仁爱，已经恩泽到死人的骸骨了，更何况对于我们这些活人呢！"四方诸侯对文王的仁德十分向往，纷纷归附。文王逝世前，天下有三分之二的诸侯都归附周国。这就是仁者无敌的道理吧！

【典故解读】

古人讲："仁者爱人"，周文王以仁德治国，他的仁爱之心竟然惠及死去的人身上，这体现了文王以人为本、悲天悯人、大仁大爱的崇高情怀。今天，要结合时代特征，传承和弘扬这种推己及人、爱人如己的仁爱精神，具体要做到：一是不伤害他人，不危害社会；二是尽力帮助别人，助人为乐，用仁爱之心去尊重人、理解人、关心人、爱护人、帮助人，以爱己之心爱人；三是做一个自爱、自尊、自立的人。

【传承弘扬】

孔子论仁　爱满天下

孔子，名丘，字仲尼，我国春秋时期伟大的思想家、教育家、儒家学派创始人、周公思想的主要继承者。他的仁爱思想是儒家学派的核心思想之一。

有一次，子路（孔子的学生）请孔子谈志向，孔子说自己的志向就是将仁爱精神推广到全天下，使老年人都能够得到赡养，安享晚年；使青少年都能够得到照顾，健康成长；使成年人都能够相互信任、相互谅解、和睦相处；使所有的人能够各得其所。从而建立一个祥和安定、守望相助、安居乐业的大同社会。

孔子把对人的爱看得非常重要，体现了以人为本的仁爱情怀。有一天，孔子家的马棚失火了。他得知后，立即问："伤着人了吗？"家人告诉他没有伤人，他才放下心来。可见，在孔子心中，人是第一位的。这就是"孔子问人不问马"的故事。

古人云："仁之法，在爱人，不在爱我。"仁爱是儒家学派所推崇的道德修养的最高境界，仁者爱人、仁者自爱、仁民爱物、爱满天下是孔子仁爱思想的生动写照。

【学习践行】

安土敦仁　止于至善

故郡是岐山县城东侧的一个小乡镇，因为过去建有故郡寺而得名。而岐山作为周文化的发祥地，这里有着丰厚的文化底蕴。"岐山之上凤凰鸣，岐山之下圣人出"，周室在这里肇基，周公在这里制礼作乐，凤鸣岐山的美丽传说在这里代代流传，这深深地影响了人们对这块土地的认同和热爱。

俗话说："一方水土养一方人"，有了这样的土地，这里一直被认为是"物华天宝，人杰地灵"，就连这块土地上的野菜也是甘甜如饴的。人们在这里耕种、繁衍、生息，把逝去的亲人埋进土地，也在土地上迎接一个个新的生命，生命就如同链条一样代代流传，生生不息。1953年，侯宗科就出生在岐山县故郡乡郑家桥村。

而在将近半个世纪后，在岐山县蔡家坡镇，有一个叫宝鸡科达特种纸业有限公司的著名企业，该公司董事长侯宗科，更是被人们称道。作为一个成功的企业家，他有着传奇人生。从贫寒少年到17岁的生产队长，从建筑工地上的小工，砖瓦厂的工人到一家大型企业的销售科长，从最初租来的六间旧平房里的乡镇福利厂到县福利造纸厂，再到科达公司、科达特种纸业公司，他一路走来，一路风雨，一路辉煌。到2017年，科达公司已经发展成为一个集研发、生产、销售于一体的股份制企业。占地面积130亩，拥有职工400多人（其中残疾职工130多人）。生产的各类特种纸种类达到30多种，远销两广、云、贵、川等20多个省，并远销美国、日本、韩国等国家。

人们说到侯宗科的时候，总是异口同声地赞叹道，真是一个好人！好人！不仅指的是侯宗科的诚信、实在，也是对一个成功企业家的肯定，还指的是他的厚德和仁心。

善始善终助推公益　筹建社会福利中心

孟子云："古之人，得志，泽加于民；不得志，修身见于世；穷则独善其身，达则兼济天下。"侯宗科的成功里满含着沉甸甸的担当，这就是"兼济天下"。

在侯宗科的儿时记忆里，常常会想起老人们讲古代圣贤的故事。他渐渐知道了故郡乡、郑家桥以及岐山许许多多地方的典故。他常常在老人们的口中听到怀贤、尚善、崇德、栖凤……这些古老的名字，带给了他无穷无尽的想象。这想象的尽头总是始终如一地耸立着一个族群和由他们建立的周王朝以及一个个高大的背影，特别是被后人追认为元圣的周公。这些在他幼小的心里埋下了种子。随着年岁的增长，它们开始在他心里发芽。郑家桥老人们的言传身教也像细雨无声滋养着万物一样，潜移默化地影响着他。在与人交往中，他常怀有与人为善之心，诚实、能吃亏。

厚德者，必厚于人。侯宗科是一个有着福利情结的人。在2000年，岐山县筹建福利中心的时候，他就当仁不让地承担了下来。

岐山县福利中心位于蔡家坡，总规划面积30.5亩，建筑面积7000多平方米。作为由政府主导的一个公益性项目，它将惠及岐山县众多孤寡老人和家庭，对促进"老有所养，老有所医，老有所教，老有所学，老有所为，老有所乐"思想理念，发挥着重要作用。侯宗科对民政福利有着更深的认同和理解。当初，岐山县福利造纸厂就是因为民政部的技改而成立的，它也承担着一份特殊的责任。正是这一份责任，让他勤勤勉勉，锐意进取，使该厂变成实实在在的福利企业。

从2000年到2003年，侯宗科牢记着自己的承诺，他为福利中心垫支了200多万元的款项。2004年，福利中心建成运行，许多老人得到了妥善安置和照顾。福利中心也被省民政厅树立为全省福利中心的样板工程。在这块沐浴着周风周韵的土地上，侯宗科用自己的行动，实践着敬老孝亲的传统美德。

扶困助残是一个企业家的情怀和担当

宝鸡科达特种纸业有限公司的职工构成与众不同，在现有的400多名职工中，有残疾职工130多人，占到了职工总数的30%以上。

残疾人作为一个特殊群体，他们的生活往往面临着诸多困难，这些困难也往往超出一个残疾人家庭的承受能力。因此，助残扶残也就成了社会的责任。国家也相继出台了《残疾人保障法》《残疾人就业条例》等法律法规。事实上，早在三千年前的西周，残疾人的管理就被纳入了国家的政策和事务中。《周礼·地官》载：大司徒掌管王室的土地和人民，行养民之政，残疾人实行减免赋税等"宽疾"政策。而后世，如春秋、汉、隋、唐等都有残疾人的相应机构。

科达公司作为一个福利企业，侯宗科自觉地承担起了一个福利企业的责任。多年来，他几乎无条件在科达接纳残疾人，从接纳到认识再到理解和尊重，他一直倡导一种善心。在他看来，经营企业就是经营人心，经营人的善心。

正因如此，科达公司被省残联确定为集中安置残疾人企业，公司也严格依据《残疾人保障法》《残疾人就业条例》等法律法规，主动接受县残联的领导和业务指导，不断健全制度，强化管理，积极开拓残疾人就业岗位，为他们提供工作机会和发展平台。

为了规范管理合理设岗，科达公司设立了专门的残疾人管理办公室，明确工作职责，由一名副经理分管，具体负责综合协调，解决落实残疾职工的工作、生活等实际困难和问题。公司对每一个进厂的残疾职工都建有翔实档案，对其就业岗位采取自主择岗，合理安排的办法。每一名残疾职工，从其到公司寻求就业，依次通过培训、考核、录用后，公司会根据其实际状况，切实尊重个人意愿，合理安排工作岗位，使他们发挥自身特长，学以致用，愉快就业。

在科达公司，残疾职工得到了特殊的照顾和尊敬。残疾职工和健全职工同工同酬同劳动，给他们在保底工资的基础上与其他职工同薪金待遇，并结合公司的效益情况，逐年提升工资待遇。而且残疾职工也融入了公司的股东，中层领导，部门负责人等各个阶层中。

残疾职工的养老、医疗、失业、工伤、生育保险的费用，全部由公司承担。残疾职工一进厂，公司就和他们签订劳动合同，一方面减少他们的开支，也使残疾职工能够安心在这里工作。在公司，侯宗科还带头倡导结对帮扶，不论是公司董事会成员、公司领导、车间、班组负责人，还是普通的爱心职工，都与残疾职工结对帮扶，真正实行了残疾职工生产、生活有人照顾。并且，每年对困难职工子女考取大学的予以资金补助。

为了给残疾职工提供越来越舒适的工作和生活环境，科达公司还将增加残疾人设施的项目纳入了公司投资计划，并成立领导小组。先后投资100万元，在生活区改造建设了一个职工活动场所，在生产区建有残疾职工宿舍。在侯宗科的带领下，与时俱进的科达也在描画着自己的梦想:"心为残疾人所系,利为残疾人所谋""扶助残疾人就业,共享社会发展成果。"

"己欲立而立人,己欲达而达人",作为一个企业家,侯宗科是成功的。惠及社会,惠及他人,也让他赢得了社会和他人的赞誉和敬重。多年来,他先后被授予中国公益事业特别贡献奖、全国文明诚信经营企业家、陕西省优秀福利企业家、陕西省创业先锋模范人物、宝鸡市劳模、残疾人之友、爱心助残模范、市政协委员、创业之星、先进工作者、慈善大使等荣誉称号。

成功的侯宗科还在不断地思考着成功的含义,也一次次思考着人生的价值和意义。"厚德仁爱""德和包容",这是古老的周文化对他的启发和教诲,也是他多年从创业的经历和经验中悟出的智慧。他深深地知道,一个厚德的人才能成就厚重的人生,一个厚德的企业也才能广结善缘,成就辉煌。

（梁亚军）

正　义

《周易》云:"君子敬以直内,义以方外,敬义立而德不孤。"这句话强调了正义的重要性。正义,通俗地讲就是公正的道理,与公平、公正、公道意思相同,是儒家学派所推崇的"五常""四端""四维"(礼、义、廉、耻)之一,历来被我国古代社会各阶层所重视。正义是个人及社会明辨是非曲直的道德标准,是正常社会所坚守的道德底线。古人讲的杀身成仁、舍生取义等都是强调坚守正义原则与信念的重要性,也由此造就了一大批不畏强暴、大义凛然、为国为民的仁人志士和中华民族的脊梁。

【历史典故】

武王伐纣　义正千秋

周武王，姬姓，名发，我国西周初期杰出的政治家、军事家，西周王朝的开国君主。他是周文王的儿子、周公的哥哥、周成王的父亲。

商朝末期的商纣王是我国历史上有名的暴君、昏君，与夏朝最后一个国君夏桀并称"桀纣"。他沉迷酒色、荒淫无道、宠信奸臣、穷兵黩武、横征暴敛、广修宫室、鱼肉百姓、民不聊生，使诸侯百姓怨声载道、离心离德。纣王的暴行丧失了民心，失去了道义，引起天下臣民的强烈不满。

周文王看到纣王倒行逆施，残害百姓，就开始准备顺天应人，伸张正义，吊民伐罪，救万民于水火。周文王以仁德治国，赢得天下归心，在他逝世前，天下三分之二的诸侯已归附周国。

周文王逝世后，周武王即位，他继承周文王的遗志，在姜太公、周公旦、召公奭等重臣辅佐下，积极展开灭商大计。他率领周军在孟津观兵，进行军事演习，四方诸侯闻讯纷纷响应，这次演习是武王伐纣前的一个序幕。过了一段时间，商纣的倒行逆施更加不得人心，伐纣时机已经成熟。武王顺天应人，吊民伐罪，在行军前作《泰誓》数落纣王十大罪状，鼓舞士气民心。"多行不义必自毙"，在牧野战役中，商朝军队倒戈相向，周军攻占朝歌，纣王自焚而死，商朝的统治土崩瓦解，终于灭亡。

周军占领朝歌后，武王下令让召公将箕子释放出狱；让毕公释放囚禁在狱中的百姓；旌表了商容的闾门，以彰显其德行；让南宫括将纣王搜刮聚积在鹿台的财宝和囤积在巨桥的粮食分发给穷苦百姓；让闳夭为比干的坟墓培土修缮；还让南宫适与太史佚一起将传国之宝九鼎迁到了镐京。武王的这些正义之举，拯生民于水火、解百姓于倒悬，赢得了民心，巩固了政权。

【典故解读】

武王伐纣是我国历史上一件影响深远的历史事件，也是一次正义的军事行动，这次军事行动推翻了商纣王的残暴统治，得到了人民的大力支持，推动了历史的前进。可见，一个社会和国家之所以能够持续发展，主要有赖于正义的存在。今天，我们每个人心中应该有一把正义的尺子，用它来衡量自己的言行举止。同时，每个人应该时刻站在正义的一边，做到见义勇为，为了国家富强、社会和谐、家庭幸福、个人平安，共同去维护它。

【传承弘扬】

鲁连蹈海　义不帝秦

鲁仲连是我国战国末期齐国人，又名鲁连，是当时的名士，以善于辩论、高风亮节而闻名天下。

赵国在长平之战中战败，40多万投降士兵被秦军残暴坑杀，诸侯震惊。从此，东方六国丧失了抵御秦国的能力。不久，秦王为了称帝，派军队再次攻入赵国，很快将赵国都城邯郸包围，并威胁其他诸侯国不准帮助赵国。赵王派使者向邻国魏国求救，魏王既怕得罪秦国，又怕赵国灭亡后，唇亡齿寒。因此，一方面派军队驻守在两国边界，静观其变；另一方面派使者秘密来到赵国，劝赵王向秦王称臣，尊秦王为帝，企图委曲求全，化解赵国危机。

当时，鲁仲连正好在赵国，他坚持正义，力主抗秦，坚决反对投降，并和魏国派到赵国的使者辛垣衍展开一场激烈的论争。鲁仲连一针见血地指出，秦国是虎狼之国，秦王多次发动战争使百姓流离失所，饱受战乱之苦。如果尊秦王为帝，向秦国屈服称臣，有百害而无一利，只会助长秦国的狼子野心，屈辱换不来和平，苟且偷生只会加快自取灭亡，自己宁可跳进东海去，也不愿意尊秦王为帝。他进一步提出：任何一个诸侯国都没有单独抵御秦国的实力，只有魏、燕、齐、楚四国组成联盟，救赵抗秦才是唯一出路。鲁仲连晓以利害，成功说服了魏国使者。秦国得知后，连忙退兵五十里。后来，魏国与赵国军队联合起来，打败了秦国军队，成功挽救了赵国。赵王给鲁仲连非常丰厚的赏赐，鲁仲连坚决不接受，并说："对于天下人来说，最可贵的品质，是为人排患解难，却从不索取回报。如果有所取，那就是商人的勾当，我不愿做。"随后，毅然离开赵国。这就是"鲁连蹈海"的典故，后世把曲意逢迎暴君或异族统治者的行为也叫作"帝秦"。

鲁仲连义不帝秦，体现了为国为民、正义凛然的高尚情操，以及过人的胆识和非凡的智慧。他不畏强暴、坚持正义的壮举和不计名利、功成身退的高风亮节，为后世树立了一座永远的丰碑。

【学习践行】

见义勇为救人　书写人间大爱

侯天祥，男，生于1980年，卒年36岁，岐山县蔡家坡镇落星堡村鸡坡组人，生前两个女儿一个9岁一个才2岁，母亲常年有病，父亲在老家山上放羊。他初中毕业后在斜峪关开了一家摩托车修理部。由于生意不好，转行买了一辆小面包车跑运输，同时和妻子开了一间面馆。

2016年3月26日，恰逢星期六。初春的天气温暖宜人，春光明媚，百花盛开，正是大人小孩走出家门、亲近自然、外出踏青的好时节。眉县贾家寨小学的五个小同学相约来到景色宜人的石头河玩耍。石头河水库依偎在眉县、岐山、太白三县交界处，水库大坝下游建有一道用于缓冲水流的小石坝，虽然没有泄洪，下游水流干涸，卵石裸露，但在小石坝下游却聚集了一片东西狭长的小水域，虽然面积不大，但由于长期的水流冲击，从上面看下去，水色昏暗，深不见底。大约下午3时20分左右，一个男孩一不小心踩上了河道里的鹅卵石，不慎失足，同时绊倒了另一个男孩，两人双双跌入水中。几个小伙伴吓得大呼"救命"。

那天，侯天祥开车回老家看望老人，顺便挖些野菜作为面馆的食材。车上坐着妻子、两个孩子和捎带回家的村民。侯天祥的家就位于水库西北角的山坡上，水库旁边的盘山路是他每次回家的必经之路。侯天祥从小在石头河边长大，水性很好，是名副其实的"水鸭子"。

此时恰逢侯天祥路过此处，闻听有人落水，侯天祥顾不上熄火，打开车门，便冲下河道。当时，水面上只能看到两个小脑袋，在水里上上下下，情况非常危急。他见状后顾不上脱衣服，奋不顾身冲入水中向两个孩子游去。他拽住其中一个男孩，奋力向岸边游。路过的陕西法士特集团公司职工李海啸也跳入水中，设法救出另外一个男孩。此时，正在水中施救的侯天祥由于衣服湿水、体温下降、入水时间太长，体力明显不支，身体突然下沉。就在沉下去的一刻，他使尽最后一丝力气，在生命的最后一刻，把孩子用力向岸边推了一把。这时，眉县齐镇人王凯及时赶到，冲入水中，先将男童救上岸，随后又将侯天祥抱了上来。两名12岁男孩被救上岸，转危为安。

可侯天祥脸色苍白，情况非常不好，大家赶紧拨打120急救。现场群众先为侯天祥做人工呼吸，120赶到后，急救人员迅速现场展开施救。遗憾的是，侯天祥还是没有醒过来，舍生忘死，壮烈牺牲，永远离开了他热爱的家乡和亲人。

噩耗传来，天地悲泣。正在山上放羊的父亲悲痛欲绝，挪不动脚步，含辛茹苦的母亲哭晕过去，眼睁睁看着丈夫悲壮牺牲的31岁妻子瘫倒在地，不省人事。只有那个不经世事的小女儿，早上醒来一睁开眼，就哭喊着要爸爸，要和爸爸玩。9岁的大女儿穿着白孝衫，豆大的眼泪一颗颗地滚落下来。

据当地群众说，侯天祥是一个乐于助人，孝敬父母，热爱家庭的人。早在10多年前，同样在水库救过一名儿童。近几年义务献血两次。有了车以后，在路上碰见同村的人或者不认识的老人或小孩，他总是热心地停下车，免费拉他们一程。在乡亲们眼里，侯天祥虽然话不多，但不管谁家有困难，只要叫他，都是那个"永远的热心人"。他只是一个农民，没有读多少书，但他在生命危急的最后关头，置个人安危于不顾，大义凛然，挺身而出，勇敢面对死亡，选择了把生的希望留给别人，用生命谱写了一曲悲壮的舍己救人的人间大爱之歌。

英雄牺牲后，市县镇各级领导深入侯天祥家中慰问家属并送去慰问金。社会各界都行动起来了，爱心人士纷纷探望侯天祥的家人，主动为英雄捐款。陕西电视台、《陕西日报》、《华商报》、《宝鸡日报》、宝鸡电视台、西部网等媒体纷纷报道英雄的事迹，陕西西建实业发展集团以救人英雄侯天祥、李海啸、王凯事迹为蓝本改编成电影《生命的托举》，把英雄的故事搬上了荧幕。侯天祥被宝鸡市委、市政府授予"见义勇为先进分子"称号，被岐山县委、县政府授予"见义勇为先进个人"称号。2016年获评陕西好人和中国好人，第五届宝鸡市道德模范特别奖，2018年荣获第五届陕西省道德模范。

（岐山县文明办）

尚　礼

《论语·学而》云："礼之用，和为贵。"强调了礼对人际关系的重要性。尚礼简而言之就是崇尚并遵守各种礼节，尚礼是周文化核心道德理念之一。"礼"是我国传统伦理道德中"四维"之首和"五常""四端"之一，周公制礼作乐，奠定了礼仪在社会生活中的重要地位。礼在社会中既是维系正常生活而要求人们共同遵守的道德规范，又是个人道德水平、文化修养、交际能力、文明程度的一种体现。中华民族以"礼仪之邦，文明古国"而著称于世，崇尚礼仪是中华民族的优良传统。

【历史典故】

制礼作乐　德化天下

周公，姬姓，名旦，为周文王的第四个儿子，西周王朝的开国元勋，我国西周初期杰出的政治家、军事家、思想家和教育家，被儒家学派尊为"元圣"。他对后世产生最深远的影响是主持制礼作乐。

西周王朝建立不久，周武王病逝，成王年少，周公摄政处理国家大事。经过六年的励精图治，西周政权巩固下来。以周公为代表的西周统治者，为实现江山永固、长治久安的目的，结合周王朝实际情况，在借鉴夏、商王朝礼仪制度基础上，制礼作乐，制定了一整套治国理政的典章制度。"礼"强调的是"别"，即所谓"尊尊"；"乐"的作用是"和"，即所谓"亲亲"，是处理统治集团内部上下尊卑关系的伦理规范。礼乐制度对巩固西周政权、维护社会稳定起到了重要作用，对后世也产生了极为深远的影响。

周公制礼作乐是我国古代历史上一件划时代意义的大事，为周王朝发展成为奴隶社会黄金时期，以及中华民族礼仪之邦地位奠定了坚实基础，中华民族之所以崇德尚礼，有礼仪之邦之美誉，与周公制礼作乐有很大的关系。

【典故解读】

古人云："人无礼则不生，事无礼则不成，国无礼则不宁。"西周的礼乐制度对维护当时国家稳定和社会秩序起到积极作用，但也有时代局限性，既不能全盘接收，也不能全盘否定。今天，传承周礼优秀文化，要按照"古为今用，取其精华，弃其糟粕，传承发展"的原则，以社会主义核心价值观为引领，弘扬时代主旋律，与时俱进，发展创新，为乡村振兴和乡村文明建设而服务。

【传承弘扬】

叔孙制礼　长治久安

叔孙通是秦朝的博士，秦朝灭亡后，他追随汉高祖刘邦平定天下。汉朝建立后，他主持了西汉初各种礼仪的制定工作，对巩固政权和稳定社会起到了重要作用，被司马迁尊为"汉家儒宗"。

汉高祖刘邦平定天下后，建立西汉王朝。他吸取秦朝灭亡的教训，废除了秦朝的苛政，同时，也废除了秦朝烦琐的礼法。汉高祖不喜欢儒生，曾说过："我是骑在马上得天下的，哪里用得上《诗》《书》？"因此，什么事都希望简便易行。高祖经常宴请跟随打天下的功臣，在宴席上，群臣还是以前的做派，大碗喝酒、大块吃肉，喝得性起时，就开始争论谁的功劳大，大呼小叫，甚至还有人拔出剑来砍柱子，丑态百出，没有丝毫礼仪可言。高祖感到这样不成体统，自己没有丝毫的威严。叔孙通看出高祖的心思，就建议制定礼法，高祖让叔孙通试着主持召集儒生制定朝堂的礼法。

过了几个月，朝礼制定好了，也演习成熟了。当时，恰好长安城长乐宫竣工，各地诸侯和群臣都来宫中朝贺。群臣们都按照礼法进行，他们遵照礼法依次捧酒上寿，井然有序，直到朝会结束，无人敢喧哗失礼。汉高祖高兴地说："今天我才知道当皇帝的尊贵啊！"于是任命叔孙通为负责礼仪的官职，让他负责主持制定汉朝的礼仪。

叔孙通制定礼仪，汉高祖刘邦得到的是当皇帝的尊贵，但整个国家和社会得到的不仅仅是稳定的秩序，更重要的是长治久安、天下太平。

【学习践行】

周礼绽放光彩　宝鸡岐山文化传承促乡村振兴

"我们村现在几乎每户都有大中专学生，从1977年恢复高考后到2006年，我们村上本科及以上学历的学生达到了340位。"谈到现在的村容村貌时，宝鸡市岐山县京当镇小强村党支部书记金永科显得十分激动。

12月2日，由陕西省委网信办和中央广播电视总台国际在线联合主办，国际在线陕西频道承办的"筑梦新陕西，薪火代代传"多语种大型访谈活动走进宝鸡市岐山县。在京当镇小强村（以下简称"小强村"）和青化镇焦六村（以下简称"焦六村"），周文化在乡村多点开花、生根发芽的和谐一面被完好展现了出来。

小强村曾被称为"仁义村"，地处周原核心区域，是岐山东北乡著名的古村落，有着悠久的历史和古朴的文化。据金永科介绍，小强村的先民在很早之前就开始用周礼规程教儿养女，村民长期受到传统文化的熏陶，民风淳朴。

小强村包括5个自然村、13个村民组，共有4955位村民，其中党员180名。据了解，小强村从2016年开始使用周礼的相关规程进行学习，广泛传承周礼文化，开展了一系列与弘扬社会主义核心价值观相关的活动。"我们在村里推广'百善孝为先''家和万事兴'这样的文化和价值观，建立了村史馆和孝文化主题广场，并将每个周日设置为孝亲敬老日。同时制定了关于孝亲敬老的'十件大事'，还将'新二十四孝'的详细内容在文化广场上进行展示，让村民学有榜样、赶有目标。"金永科自豪地介绍。

金永科表示，一系列活动的举办为村容村貌带来了积极变化，小强村多年来社会治安良好，未发生刑事治安事件，被陕西省评为"平安村"。同时，该村一直以来重孝崇德、向善笃仁、耕读传家、节俭为本、向善好学的良好风气被完好传承了下来，为村里的学生们读好书、做好人奠定了基础，为提高全村人的整体素养提供了良好的氛围。

在岐山县，将周文化融入老百姓日常生活中，加以发扬光大的，还有位于青化镇的焦六村。焦六村位于青化镇西北方向，共有耕地1500亩，3118位村民。近年来，焦六村立足"周礼之乡"的优势资源，将周礼优秀文化与社会主义核心价值观有机融合，以党建引领传承、弘扬促进发展为中心，以传承周礼优秀文化、弘扬社会主义核心价值观为目标，充分发挥党支部在焦六村全面发展中的引领作用和党员的先锋模范作用，有力推动了焦六村各项工作全面发展。

焦六村党支部书记傅德善介绍，焦六村从突出"三大主题"、培育"四大节点"、开展"五大活动"、保障"六大措施"着手，将乡风文明建设作为抓实基层党建、推动乡村振兴战略的重要抓手，村党支部与全村每户家庭都签订了《遵守村规民约责任书》，村上成立了乡贤理事会、红白理事会、道德评议会、村民议事会、禁赌禁毒会等组织，开展"道德讲堂""十类示范户评选""文明家庭评选"等活动。

焦六村以周礼为基准点，进行传统文化传承工作。今年10月，焦六村成立了周礼文化艺术院，并举办了"红枫焦六""活力焦六""魅力焦六""文化焦六"等书画艺术展。艺术院下设书画院、舞蹈队、锣鼓队、秦腔自乐班、文学创作组、民俗非遗组六个小组，提升了焦六村周礼文化的内涵。

　　诚信友善的民风、文明和谐的村风吸引了企业不断上门寻求合作。目前,焦六村已经与宝鸡绿锦农业发展有限公司合作,开发建设了占地2300亩的焦六村创意农业园项目。项目以周礼教化区、民宿餐饮区、果蔬采摘区、花卉观赏区、休闲垂钓区和井田制展示区六大主体为核心,打出优势互补的组合牌;占地1300亩的陕西红枫基地在焦六村打下桩基,基地的休闲垂钓区和民宿餐饮区已在今年7月正式运行。此外,焦六村还成立了大红枫劳务有限公司,组织群众到基地务工,让贫困群众在家门口就能获得收益,惠及贫困户38人;与帮扶单位岐山县财政局建立转移就业扶贫基地,吸纳10名贫困户中的弱劳力从事辣椒分拣工作,人均年收入5000元;成立祥和养殖专业合作社,吸纳贫困户15人就业……这一切成就的背后,都是村容村貌提升和村民素质提高带来的好结果。"乡风好了,外面来的企业也就多了,人们的收入也就提高了。"傅德善感慨万分。

　　在实施乡村振兴战略的道路上,岐山县各村庄正以文化助农和产业振兴的方式并驾齐驱,以实现群众生活的美好向往为追求,不断向农业产业现代化和人居水平理想化的乡村振兴目标奋斗。

(中央广电总台国际在线)

明　智

　　《老子·第三十三章》云:"知人者智,自知者明。"明智简单地讲就是明白事理而富有远见,它是一种明辨是非善恶的能力,也是一种能够做出正确决断和进行正确行为选择的素质。"智"被儒家学派列为传统伦理道德的"五常""四端"之一和"三达德"之首,属于个体道德规范。在我国传统道德中,明智被古人视为个人基本的道德素养,称为

"智德"，是一种智慧，具体表现为：知人善用、高瞻远瞩、通权达变、通情达理等。

【历史典故】

太公治齐　智谋宗师

姜太公，姜姓，名尚，字子牙，号飞熊，我国商末周初杰出的政治家、军事家、韬略家，周王朝的开国元勋。他是我国历史上最具传奇色彩的人物，曾辅佐文王、武王、成王、康王四代君主，被后世尊为兵家鼻祖、武圣和百家宗师。在民间也有很大的影响，"姜太公在此，百无禁忌"一语在民间广为流传。

西周建立后，在周公、召公、太公等重臣治理下，政权稳定下来。姜太公因功勋显赫，被封在营丘（今山东省淄博市）建立齐国，为诸侯之长。太公赴齐国上任时，因年老体衰，加之长途跋涉，十分疲惫，一路缓慢而行。有人进言说："有道是机会难得，失去机会却很容易。您在途中店中享受安逸，哪有一点走马上任的样子。"太公听后顿然醒悟，便日夜兼程，赶到营丘。商朝诸侯国莱国国君想乘太公到来之前占领营丘，由于太公及时赶到，迅速平定叛乱，稳定了政权。

太公用了五个月时间就将齐国治理得井井有条，便回到镐京述职。而与齐国相邻的鲁国国君是周公的儿子伯禽，他用了三年时间才将鲁国治理好。周公感到很奇怪，就询问两人治国方法。

原来两人治国理念与方式截然不同。伯禽治理鲁国，按照周朝的礼仪习俗，大力改变当地人的习俗，彻底改革当地礼仪制度，推行起来困难重重，因此用的时间长一些。太公治理齐国，严格按照法令，很快稳定人心。接着又因地制宜，因势利导，入乡随俗，简化礼仪，知人善用，重用当地人才，缓和矛盾，充分利用齐国渔盐资源优势，大力发展工商业，使齐国很快实现大治，周边百姓纷纷归附，很快富裕起来。周公听说后，赞叹太公高瞻远瞩，智慧过人。

【典故解读】

姜太公在治理齐国中表现出高超的政治智慧和非凡的远见卓识。古人将智列为"三达德"（智、仁、勇）之首是很有道理的。在当今社会，明智主要有两点：一是把自己的聪明才智贡献给国家和人民；二是在做人做事方面，要富有远见，通情达理。俗话说："小聪明难成大智慧"，只有把自己的聪明才智用在造福国家、造福社会、造福人民上才是真正的大智慧、大美德。

【传承弘扬】

智杀三杰　为民除害

晏子，名婴，我国春秋时期著名的政治家、思想家、外交家，辅佐齐灵公、庄公、景公三朝长达50余年。他曾代表齐国出使楚国，凭借自己的聪颖机智和能言善辩不辱使命，出色地维护了国家的尊严，留下了千古佳话。

齐景公时，田开疆、公孙接、古冶子三人结为异姓兄弟，号称"齐国三杰"。他们勇猛异常，为齐国立下了汗马功劳，但居功自傲，骄纵跋扈，欺压百姓，不遵礼法，成为齐国的一大祸害。晏子认为这样下去会危害国家和百姓，于是他决定为民除害。

有一次，鲁国国君来访，齐景公设宴款待，晏子陪同参加宴席。田开疆三人指手画脚，目中无人，无礼之极。晏子灵机一动，请求去御花园摘几颗桃子来下酒。景公同意后，晏子带随从摘了四颗桃子，个个又红又大，桃香扑鼻，两位国君品尝后，赞不绝口。晏子又建议将剩下的两颗桃子分别赏赐给三人中功劳最大的两人，景公同意后让田开疆三人当着鲁国国君的面自述功劳，晏子当评判。公孙接跨出一步抢着说："我陪国君去打猎，遇到一头猛虎，我拼命打死老虎救了国君一命，这个功劳可以吃一颗桃子了吧！"说完拿起一颗就吃起来。古冶子一见急着说："打虎的确不容易，但我跟国君过黄河时，大鳖咬住国君车驾左边的马，十分危急，我毫不犹豫地跳下河斩杀大鳖，保驾平安，这样的功劳，也可以单独吃上一个桃子。"说完也拿起一颗就吃起来。这时候，一边的田开疆悲愤地说："你们只是对国君有救驾之功，我率领大军，克敌制胜，血战千里，功在国家，反而得不到赏赐，这不是在两位国君面前羞辱我吗？我今后有何面目见人？"说完就拔剑自杀了。公孙接、古冶子大惊，说："我俩功劳不如田开疆，反而得到了赏赐，因此致他于死命；与他结为兄弟，现在又有什么脸面苟活在世上呢？"说完，双双拔剑自杀了。晏子凭着自己的聪明才智为国家和百姓除去祸患，受到了人们的尊敬。

【学习践行】

侯晓：给固体火箭造"心脏"

他是我国培养的第一位固体火箭发动机专业博士，是我国固体推进技术的新一代领军人。他负责研制了国家多个重点型号固体火箭发动机，攻克多项关键技术，用自己的汗水和聪明才智为我国国防装备研制作出了重大贡献。

他就是中国工程院院士、固体火箭发动机专家侯晓。

立志报国投身航天

1990年，风华正茂的侯晓从西北工业大学毕业。作为我国第一位固体火箭发动机专业博士，侯晓有很多工作机会可以选择。然而，他毅然舍弃了繁华的都市，来到位于西安近郊的航天四院，投身航天事业。

航天四院41所是侯晓走入社会的第一站。从重点实验室的组建到民品市场的艰难摸索，从喷管设计研究到质量管理，侯晓都干得扎实而又出色。

这位看起来文质彬彬的固体火箭发动机专家，在科研中敢于向世界先进水平奋起直追。作为某课题的负责人，侯晓始终将目光瞄准技术前沿求实创新，研究解决了多项关键技术难题，大幅度降低了我国大型喷管的自重，为提高我国固体火箭发动机的研制水平作出了重大贡献。同时，他也迅速成长为我国固体火箭技术领域的青年学科带头人。

矢志创新攻克难关

扎实的理论知识和丰富的实践经验帮助侯晓打开了更为广阔的天地。

1997年，侯晓被任命为航天四院41所副所长。他制定了三年攻关计划，并取得了一系列突破性成果。同时，他还组织开展了多个型号发动机的关键技术论证和预先研究工作，为固体火箭发动机技术持续发展立下了汗马功劳。

1999年，侯晓担任某新型发动机总设计师。该发动机是当时国内尺寸最大、性能最高的高能发动机，采用了许多新设计、新材料、新工艺。为了保证我国自主研制的高能固体推进剂能够应用于固体火箭发动机，侯晓沉着应对，带领研制队伍集智攻关，解决由于推进剂变化带来的系列难题。他从设计源头抓起，奔波在科研生产第一线和大型面试现场，解决研制、生产、试验中遇到的各种技术问题，创造了新型发动机设计一次正确、首发试验成功、发发成功的奇迹。

侯晓喜欢"新方向"和"新技术"。他说，没有"新"就没有科学的生命力。发射环境变化对新型发动机产品的密封、载荷性能提出了很高要求，且国内无技术经验可借鉴。侯晓带领设计师系统制定了新的设计方案。为解决密封问题，他们在模拟壳体上反复试验，终于突破了这项技术难题。

2007年，某重点新型号发动机进入工程研制阶段。在论证摆动喷管热防护方案时，研发团队提出了两个方案：一是采用过去型号已有的方案，这样没有技术风险；二是采用新方案，从而解决长期存在的隐患。但是，新方案还未进行过任何热试验，存在技术风险。大家的争论非常激烈。在认真听取意见、分析新旧方案的优缺点后，侯晓大胆拍板采用新方案。通过两年的努力，新方案成功了，困扰固体火箭发动机几十年的长期隐患得以彻底解决。

拓展固体技术领域

探索外太空是人类一直追求的梦想。1992年，国家决定实施载人航天工程，作为重要环节，载人航天逃逸技术受到国外重重封锁。

从1992年开始，航天四院承担起了逃逸固体发动机的研制重任。接过前辈们的接力棒，侯晓再攀技术高峰。在首次载人交会对接中，他带领团队，对逃逸固体发动机进行了一系列技术改进、技术攻关和试验验证工作。在对发动机关键部件的材料改进中，侯晓大胆使用了新材料，性能完全满足要求。从神舟一号飞船到神舟十号飞船，载人航天逃逸救生系统的安全可靠性得到了充分验证。

面对未来激烈的太空竞争以及国民经济和空间技术的需要，发展我国快速进入空间的小型固体运载火箭及深空探测大型固体助推火箭迫在眉睫。侯晓和航天四院的科研人员将继续努力，不断提高我国固体火箭的发展水平，拓展固体动力技术的应用领域。"下一步，我们还要做更好的发动机，比肩美、俄等航天强国。"侯晓对未来技术发展信心十足。

（《陕西日报》 通讯员 荣元昭 记者 张梅）

诚　信

《论语·为政》云："人而无信，不知其可也。"诚信是指人们日常行为的诚实和正式交流的信用的统称，简单地讲就是诚实守信，即要求人们诚实而讲信用，内心善良而又言行一致，要做到待人处事真实、诚恳、讲信用，不自欺欺人。诚信是一个人为人处世、安身立命的根本，是中华传统美德之一。在我国古代，诚信被儒家列为伦理道德的"五常"之一，视为立身之本、齐家之道、交友之基、为政之法、经商之魂。成语一诺千金、一言九鼎、言出必行等就是强调诚信的重要意义。

【历史典故】

桐叶封弟　诚信天下

周成王，姬姓，名诵，我国西周初期著名的政治家，周武王的儿子，周公的侄子，西周王朝第二位君主。他在位时期，在周公、召公、太公等重臣辅佐下，开创了我国历史上第一个治世"成康之治"。

周武王建立西周王朝不久就病逝了，成王年少，周公摄政治理国家。有一天，成王闲来无事，便和弟弟叔虞在园中玩耍。兄弟俩玩得高兴时，成王顺手从地上捡起一片桐叶，用手撕成玉珪的形状送给叔虞说："我用这个封你做诸侯。"叔虞也起了玩心，学着大臣们的样子双手接过谢恩。一旁的史官却将这件事情记录下来。

几个月过去了，成王将这件事当作玩笑，并没有将叔虞封为诸侯。史官便将这件事情禀告给周公，周公向成王询问这件事，成王说："我和他是闹着玩呢！"周公非常认真地对成王说："天子无戏言，您所说的每句话都要记录在史册中，如果言而无信，必将损害天子的威信，如何能让天下人信服？又如何治理天下呢？"于是，成王下令择吉日为叔虞举行隆重的受封大典，将叔虞封到唐地做诸侯。

【典故解读】

古人讲："人无信不立。"一个不讲信用的人将难以立足于社会，一位君王、一个国家不讲信用，将会失信于百姓，失去民心，难以长久。周公督促成王信守承诺，不失信于天下，这是"成康之治"出现的一个重要原因。在今天社会主义市场经济下，无论是个人还是企业都应该坚持以诚信为本。具体要做到：一是做人要言行一致、表里如一、诚信待人；二是做事待人要真实诚恳，尊重事实，实事求是。

【传承弘扬】

文侯停猎　重信守诺

魏文侯，姬姓，名斯，战国初期杰出的政治家，魏国开国国君。他在位期间，招贤纳士，先后重用吴起、西门豹、乐羊等人担任要职，任用李悝为相，在魏国推行变法改革，使魏国成为战国初期最强大的诸侯国，成为"战国七雄"之一。魏文侯还亲自拜孔子的弟子子夏为师，对其非常尊敬，他推崇儒家学说，积极笼络人才，诚信待人，因此无论是诸侯贤士还是普通百姓，都十分敬重他。

有一天，魏文侯和虞人（管理山林的人）约定第二天中午到郊外去打猎。第二天朝会上，魏文侯从大臣奏报中得知魏国形势大好，心情愉悦，于是就下令设宴款待群臣。君臣一边饮酒，一边欣赏歌舞，酣畅淋漓。这时突然下起了大雨，眼看快要到中午了，魏文侯想起了打猎的约定，于是起身对席间众臣说："众卿，寡人与人约定中午狩猎，时间快到了，失陪了。"说完放下酒杯，吩咐随从撤掉酒席，准备车马赴约。

大臣们见雨越下越大，纷纷劝说："大王，雨下得这么大，没办法打猎啊，再说今天酒宴这么欢乐，不如继续宴饮，改天天晴了再去狩猎。"魏文侯看了看天说："今天狩猎是狩不成了，天气如此，也没有办法，但不能因为下雨而不赴约呀，必须及时通知那位管理山林的人，取消今天的狩猎活动。"

众臣中有位武将自告奋勇说："大王，还是让我去吧！"魏文侯摆摆手说："寡人昨天亲自跟人家约定好的，因为天雨不能狩猎，必须亲自去才行。"说完就停止酒宴，亲自驾着马车，冒着大雨赶去通知管理山林的人取消狩猎活动。

魏文侯诚信待人，守信践诺，赢得了诸侯和臣民们的信任与拥戴。他身为君主，言出必行，冒着大雨也要守信践诺，可见他是多么注重诚信的人啊！正是因为他重信守诺的崇高品德为自己赢得了威望，为国家赢得了声誉。魏文侯诚信待人、为政以信是魏国强大的重要原因之一。

【学习践行】

巾帼新农人诚信经营 投身公益回报社会

肖倩，女，回族，1988年7月生，中共党员，岐山县现代农业科技推广协会党支部书记，共青团岐山县委兼职副书记，陕西永红猕猴桃专业合作社总经理，陕西奇果电子商务有限公司总经理。肖倩时刻严格要求自己，积极主动履行社会责任，诚信守法，自觉维护市场经济秩序，热心参与慈善捐助、结对帮困等社会公益事业。她先后获得全国创新创业优秀带头人、全国巾帼新农人、第六届创青春全国创新创业大赛最具品牌影响力奖、陕西省农业科技创新创业大赛二等奖、陕西省脱贫攻坚贡献奖、陕西省好青年，宝鸡市农村青年致富带头人、十佳青年创新创业职业农民、十大农民女状元、十大科技创新能手、青年电商致富带头人等荣誉。

回乡创业　追逐梦想

肖倩是一个地道的农家子弟，从小便体会到了农民终日劳作的艰辛和不易。2012年大学毕业后应聘到宝鸡市邮政局，工作稳定安逸，是很多女孩子梦寐以求的职业。2014年的一天，在父亲的叹息声中她得知家乡的猕猴桃产业由于种种原因，卖不到好的价格而导致产业发展受阻，她内心萌生了回乡创业的念头，她总觉得那片生养她的土地对她有着致命的吸引力。就这样，她毅然辞职，回乡创业。

品质为先　诚信为本

公司成立以来，肖倩就制定了完整的产品质量标准体系，大力开展规模建园，积极推广有机、绿色猕猴桃栽培技术，推行物理防治、生物防治，建成了高品质示范园区。肖倩常说农产品质量安全"责任重于泰山"，作为产品溯源的最前端，他们有责任、有义务做农产品的守护者，做让消费者放心满意的生产者。几年来，她坚持诚信经营，宁肯自己多付出，也不让客户受损失，只要对客户承诺过的，即使自己吃亏，也决不食言，以自己诚实的品德受到同行业的高度评价，企业不断发展壮大。她带领团队先后打造了6400亩猕猴桃标准化示范基地、8000吨气调冷库、电子商务服务中心、果农培训中心、电商包装车间等综合性全产业链的猕猴桃示范基地，企业的猕猴桃及猕猴桃系列产品先后获得"国家扶贫农产品""陕西猕猴桃优秀品牌"、陕西猕猴桃"金奖"等荣誉。

服务乡邻　投身公益

"一枝独秀不是春，百花齐放春满园。"在企业做大之后，她没有忘记回馈社会，带领合作社和公司主动发挥"主人翁"精神，坚持以"合作社+公司+产业+农户"的精准扶贫模式，托管了本县200名无劳动能力的贫困户，每人年终分红1000元；举办种植技术、电子商务等免费培训40余场次，培训果农5000余人。栽培了13个新品种，推广了11项新技术。2021年培育农产品电商销售能手300人以上，孵化农民专业合作社2家，家庭农场2个，种养殖大户30家，电子商务经营网店285家。疫情防控期间，她带领团队累计捐款捐物31.5万元。

（宝鸡新闻网）

正　直

《管子》云："志毋虚邪，行必正直。"正直是指公正刚直、正直无私，通俗地讲就是为人正派，一身正气，做事能够坚持信念原则。正直体现了一个人的良心、良知、道德境界，以及独立的人格尊严。正直是一种风骨，它如同山涧的劲竹，寒冬的蜡梅，在苦寒中方显品质的高贵。正直是一个人做人的脊梁和立身处世的根本，是做人的最基本准则，也是中华传统美德之一。

【历史典故】

怒斥厉王　正气凛然

芮良夫是西周后期芮国国君，周厉王的臣子，他的爵位为伯，所以又称芮伯，他的祖上曾辅佐过武王、成王、康王。芮伯为人正直，敢于犯颜直谏。

周厉王是我国历史上有名的暴君，他即位后，任用贪婪的人实行专利，胡作非为。他下令把国都附近的山林、胡泊、河流都封锁起来，不准平民进去打柴、采集、捕鱼、狩猎。谁要进去，就必须缴纳高额的税，借机大发横财，与老百姓争夺利益。这样一来，人们生活难以维持下去，非常不满，议论纷纷。周厉王又下令不准议论，不然就进行残暴镇压，好多大臣劝谏，周厉王不仅不听，还威胁他们。在这种高压下，芮伯虽然官卑职小，但实在看不下去，他挺身而出，冒着被杀头的危险，怒斥周厉王。

芮伯尖锐地指出，有德的君主，人民才会拥戴和归附，无德的君主会被人民视为仇敌；君主应该为民除害，害民的人不是人民的君主，而是人民的仇敌；不为人民做好事的人不配当君主。芮伯进一步斥责周厉王像夏桀和商纣王一样，无道肆虐、倒行逆施，如果不痛改前非，大祸就会不远，周厉王就会像夏桀、商纣一样被人民仇恨而推翻。

芮伯义正词严的斥责，没有骂醒周厉王，过了不久，人民的怒火像火山一样爆发，终于发生了国人暴动，厉王仓皇出逃，死在外地。

【典故解读】

芮伯公正刚直、正直无私，为了国家利益，他敢于坚持原则，不顾个人安危，犯颜直谏，怒斥暴君，尽到了一个大臣应尽的义务和责任。在今天，做一个正直的人首先要真诚，无论对大小事，无论对什么人，都要真诚，堂堂正正做人；其次，无论做什么事，都要坚持自己的信念和原则；最后，就是要有责任感，做正直人、说真心话、干实在事。

【传承弘扬】

海瑞为官　刚正不阿

海瑞是我国明代著名的政治家，身历嘉靖、隆庆、万历三朝。他一生为官清正廉洁、刚正不阿、正直无私、执法如山，在民间影响很大，与北宋清官包拯齐名，被百姓誉为"海青天""南包公"，是我国历史上清官廉吏的典范。海瑞骂皇帝的故事在后世广为流传。

海瑞青年时就立志要做一个不谋私利、不媚权贵、刚正不阿的好官。因此，他自号"刚峰"，意思是做人要刚正无私，不惧邪恶。海瑞当官后，正是明朝嘉靖皇帝统治时期，嘉靖皇帝沉迷道教，追求长生不死，长年炼制丹药，不理朝政，当时没有人敢去劝谏皇帝。海瑞挺身而出，上书批评嘉靖皇帝迷信道术，妄想长生不死；生活奢侈，不理朝政；大兴土木，劳民伤财等弊政。言辞非常尖锐，嘉靖皇帝看后勃然大怒，下令赶紧抓捕海瑞，随从说："海瑞这个人非常刚直，他知道自己冒犯了陛下，犯了死罪，已买好棺材，遣散下人，在家里等着，不会跑的。"皇帝听后沉默了一会儿，又看了一遍海瑞的上书，感叹说："这个人可以和商朝的忠臣比干相比，但我不是商纣王啊！"就下令把海瑞关进大牢里。

嘉靖皇帝去世后，海瑞得到任用。他不改初衷，不畏强权，秉公执法，严厉打击欺压百姓的豪强地主，为百姓主持公道。海瑞任职期间，曾多次责令豪强地主将抢夺百姓的土地归还给原主，失去土地的百姓重新得到土地，豪强地主对他又恨又怕，百姓们爱戴他，称他为"海青天"。当时官场非常腐败，不正之风横行，海瑞对此十分痛恨，多次上书请求皇帝用严刑峻法整治贪官。这样一来，他不仅得罪了豪强势力，也得罪了官僚集团。因此，海瑞多次被罢官，百姓们听说海瑞被罢官离去的时候，就会哭着在路边送别。

海瑞为官清正廉洁，生活简朴，平日穿着布袍，吃着粗粮和豆腐青菜。明朝官员的俸禄很低，海瑞为母亲过寿时，只买了两斤肉。后来，海瑞在南京任上病逝，家中没有钱安葬，大家凑钱为他办理丧事。百姓们听到海瑞去世的消息后痛哭流涕，前去祭奠海瑞的多达几万人。

【学习践行】

铁面无私的"老支书"

年过七旬的凤鸣镇八角庙村党支部书记陈建忠脾气耿直，说话像个炮筒子，从不会拐弯抹角。

有一年，乡政府在八角庙村召开春灌工作现场会。新任乡长提前来到会场，却不见陈支书的身影。找来找去找到地里，原来他正带着大伙浇地哩。陈支书估计是新调来的乡长，老远就大声大腔地喊道："乡长来了，我还没有迎接哩，你怎么就随随便便跑到我的地里来了!"乡长一愣，咋这么个没礼貌的书记? 正迟疑，有人悄声告诉乡长，老陈就这么个直性子。乡长灵机一动，顺势回道："不劳大驾，你能来的地方我就能来!"陈支书并不收敛："你可是城里来的大干部，小心皮鞋粘上了土!"这样，他们二人第一次见面就杠了起来。乡长正琢磨该怎样对付这个说话辛辣的老家伙时，却被对方的一身打扮惊住了：一双塑料凉鞋，十个脚丫露在外面；两条裤管一高一低，溅满了泥水，衬衣上只套件毛背心，看着都让人瑟缩。初春的天气乍暖还寒，乡长不禁打了个寒战，担心地问："老陈，你穿这么单不冷吗?"谁料他却说："庄稼人干活就不知道啥是个冷。"乡长一时语塞，只好抖出家底："不要口口声声说你是庄稼人，我爸也是农民，镢把子我也抡过几年，来，铁锨给我!""哦——红萝卜调辣子，吃出还没看出。"谁知这一招镇住了对方，陈支书把铁锨往地里一撂，"咋能叫乡长动真的哩，走，跟你开会去!"陈支书一下子来了精神，从树杈上拿起外套，拍腿就往村委会走。"不去会议室了，现场会就在这里召开!"乡长灵机一动，临时改变了会址。"哈……"一连串爽朗的笑声回荡在广阔的田野。

那年，在八角庙村的带动下，全乡春灌面积突破万亩大关，在全县遥遥领先。

别以为陈支书只会嘻嘻哈哈，在原则问题上可一点也不马虎。去年，村里来了一家公司直销农产品，在村广场召集群众举办讲座，现场操作试验。活动结束后，带来的一些塑料凳子不翼而飞。老板满脸不高兴，一连追要了几家都不承认，只好收摊。老陈听说此事后，立马叫来小组长过问。小组长吞吞吐吐地说："凳子值不了几个钱，一些群众听完讲座就顺手拿走了。""这怎么行？纯粹是给村上抹黑！"老陈气得脸色铁青，他要给派出所打电话。小组长急忙拦住："村长，何必呢！人家都走了，派出所一上手，事就闹大了。""是不是你也顺手牵羊了？"老陈一脸疑虑。"我没有，真的没有。咱亲戚可能、可能拿了一个。"小组长说的亲戚是指老陈娃他干大。"那更应该追要！""唉！一点小事得罪人划不来。""你胡说呢！我把你瞅了个宝，你原来才不明事理。这还是小事？养下瞎瞎毛病，以后谁还敢来村里做生意？"老陈一下子火了，训得小组长低下了头。小组长仍不服气地嘟囔："咱把凳子要回来能怎么办？人家已经走了。""走了也要送去，不义之财留不得！"老陈的话掷地有声。第二天，老陈挨家挨户查找，终于追回了丢失的凳子。老陈按照凳子上的号码拨通电话，代表全村给对方赔礼道歉，最后亲自赶到邻县，将凳子完璧归赵，老板很感动。事后他召开村民大会，语重心长地嘱咐："村风关乎着村里的形象，千万不要为一点蝇头小利毁了咱村的风气，以后给娃们找媳妇都难呀！"

就是这样一位铁面无私的人，几十年来，带领八角庙人讲"八法"、倡"八礼"，订村约、弃陋习，修马路、建广场、兴产业、种樱桃、引资金、办企业。如今天缘醋销到了国外，大樱桃抢不到手，传统品牌种子田越做越红火。2015年，八角庙村被国家授予"全国民主法制示范村"的殊荣，群众的生活如口吃甘蔗节节甜！

（朱宏让）

气　节

古人云："士穷乃见节义。"节义又称气节，指的是坚守正义和道义的志气和节操，是关于个人行为与道德操守的道德规范。气节是为了内心崇高的理想与坚定的信念，不屈服于外在压力的一种品质，通俗地讲就是做人所坚持的原则、操守、骨气和人格尊严。气节在深层次上反映了中华民族不屈不挠的意志和精神，它是我国传统道德规范之一，曾激励着无数仁人志士在民族危亡的历史关头，挺身而出，为民族大义而英勇献身。

【历史典故】

不食周粟　节义风范

商朝时，有个叫孤竹国的诸侯国，国君有三个儿子，大儿子叫伯夷，二儿子叫亚宪，小儿子叫叔齐。国君年事已高，他认为叔齐德才兼备，嘱咐大臣们自己去世后，由叔齐继位。

孤竹国国君去世后，大臣们遵照国君的遗愿，推举叔齐即位，叔齐却认为应该遵从当时社会习俗让他的大哥伯夷即位。伯夷不愿违背父亲的遗愿，便悄悄离开孤竹国。叔齐得知后，认为自己即位，既违背了社会习俗，又伤害了兄弟感情，更不忍心让伯夷一人在外漂泊，便决定离开孤竹国，与伯夷一起隐居在渤海之滨。后来，他们听说周文王宽厚仁慈、敬老尊贤，将西岐治理成一方乐土，便不远千里投奔周文王，在西岐居住下来。

文王去世，武王即位，讨伐商纣的时机已经逐渐成熟，于是武王率领大军准备讨伐商纣王。伯夷、叔齐得知后认为这是犯上作乱，便拦在武王马前，苦劝武王不要兴兵伐纣，武王没有采纳他们的意见，发动牧野之战，很快灭掉商朝，建立了周朝。

伯夷、叔齐得知后，认为自己是商朝的臣子，绝不做周朝的官。他们愤愤不平地来到了人烟稀少的首阳山（今岐山县京当镇）隐居起来，断绝与周朝的来往，也不吃周朝的粮食，整天以野菜充饥，最终饿死在首阳山上。

【典故解读】

伯夷、叔齐不食周粟的故事千古流传，受到我国古代社会各阶层的推崇。在今天看来，他们不识时务，没有顺应历史潮流，愚忠于商纣王的行为是不可取的，但那种坚持理想信念、坚贞不屈的精神仍然值得学习。俗话说，人穷志不短。做人不能有傲气，但绝不能没有原则、骨气和人格尊严，当我们内心的正义、道德、信念等与其他问题冲突时，应遵从本心，坚持信念，不改初衷，坚守道义，摆脱困扰，奋勇前行。

【传承弘扬】

苏武牧羊　义不屈节

苏武，字子卿，我国西汉时期杰出的外交家，历史上著名的爱国者，以坚贞不屈的民族气节而名垂青史。

在西汉初期，北方游牧民族匈奴时常南下侵犯中原，抢掠财物。经过几代人的努力，在汉武帝时，西汉国力终于强大了，汉武帝派卫青、霍去病等将领出击匈奴，取得了重大胜利。匈奴派使者来汉朝求和，随后，汉武帝派苏武为使者回访匈奴，回应匈奴求和的善意。

苏武到了匈奴后，不料匈奴首领单于出尔反尔，将苏武扣留下来，威逼利诱，逼迫苏武投降。"三军可夺帅也，匹夫不可夺志也。"苏武忠于汉朝，坚守民族气节，大义凛然，宁死不屈，坚决不投降。单于非常敬佩这种气节，将苏武送到一个叫北海（今贝加尔湖）荒凉寒冷的荒原去牧羊，并说等公羊生下羊羔才能放他，企图再次迫使苏武屈服，苏武不改其志，拿着象征汉朝的符节，在寒冷的荒原上孤独地以牧羊为生，坚贞不屈，拒不投降。19年后，匈奴发生内乱，迫于汉朝压力，终于释放苏武回国。苏武回到长安时，已是白发苍苍的老人，他衣衫褴褛，但手里仍然拿着象征汉朝的符节。

苏武以民族气节和国家尊严为重，在寒冷荒凉的荒原上牧羊，为汉朝守节长达19年之久，他义不屈节，成为中华民族"威武不能屈、富贵不能淫、贫贱不能移"的人格象征。苏武的精神，激励了后世无数仁人志士为报效国家而努力奋斗。

【学习践行】

节义昭日月　英名传桑梓

梁星源（1789—1852年），字石泉，岐山县京当镇范家营村人，清朝晚期官员，历任广东鹤山、新安、南海知县，嘉应知州，顺庆府知府，广东南韶道道台，广东按察使等职务，后官至湖北布政使。

梁星源少年时，家境贫寒，以打柴为生。他生性聪颖，勤奋好学，身上寄托着家族光宗耀祖的期望，为此，全家节衣缩食，供他读书。通过不懈努力，梁星源考中秀才后，受人聘任，以教书为生，家境好转。他一边教书，一边苦读，于嘉庆二十一年（1816年）考中举人。道光六年（1826年），大挑为一等（清代科举制度之一，从三科以上会试不中的举人中挑取任职，乾隆年间成为定制），从此走向仕途，早年担任过广东省鹤山、新安知县。在任知县期间，梁星源勤政爱民，公正断案，因查明"茶花女失踪"案而声誉大增。1840年，鸦片战争爆发，民族英雄林则徐领导民众积极抗英，梁星源亲自奔赴前线，支援抗英爱国将士，抵御外侮。梁星源为官清廉，才干突出，深受林则徐器重。从此以后，他官运亨通，先后担任了应州知府、顺天府知府、南韶道道台、广东按察使等官职。

道光三十年（1850年），梁星源被朝廷任命为湖北布政使。咸丰二年（1852年）冬，太平天国攻打湖北武昌城，梁星源参与守城。同年农历十二月初四，武昌城被攻陷，梁星源身亡，为清朝殉节，时年65岁，彰显了传统伦理道德中的忠孝节义风范。

太平天国运动失败后，清朝政府为了表彰梁星源，追封其为二品官职，谥号"敏肃"，并用岐山、扶风、眉县三县三年的税收为梁星源修建了牌楼和祠堂。

（《魅力京当》）

勇　毅

《论语·宪问》云："仁者不忧，知者不惑，勇者不惧。"勇就是勇敢，毅就是坚毅，简单讲勇毅就是勇敢、坚强、有恒心、有毅力、有韧性。勇毅是一种与正义、善良紧密联系的德行，是一种克服困难、战胜自我、超越自我的道德品质和道德精神。在古代社会，勇毅被儒家视为"三达德"（智、仁、勇）之一，既是一种道德品质的体现，又是一种道德规范。

【历史典故】

羑里演易　奋发有为

周文王，姬姓，名昌，我国商朝末期杰出的政治家、军事家。他是周太王的孙子，王季的儿子，武王、周公的父亲，西周王朝的奠基者。

周文王是周人迁往周原建立周国以来的第三位国君，他选贤用能、敬老慈少，以仁德治国。在他治理下，周国夜不闭户、路不拾遗，政通人和，百姓安居乐业，诸侯纷纷归附。这引起了商纣王的忌惮，纣王的大臣崇侯虎乘机谗言，纣王将文王囚禁起来，关在朝歌北边的羑里（今河南省汤阴县北）。

文王被囚禁在羑里后，面对高墙，思念亲人。每想到父亲季历曾被商王文丁迫害致死，长子伯邑考为救自己被纣王杀害，做成肉饼给自己吃时，就万分痛苦。尤其是想到祖父、伯父、父亲及族人寄予自己振兴周族、翦灭殷商的厚望没有实现时，更是焦虑万分。在之后七年的漫长岁月里，他面对厄运，面临随时被害的危险，丝毫没有胆怯颓废，也没有灰心丧气，而是勇敢地面对。他奋发图强，将伏羲所创的先天八卦推演为六十四卦，创出了后天八卦，著成了被后世誉为儒门圣典、群经之首的伟大著作《周易》，成为中华文化理论源泉之一。《史记》中讲："文王拘而演《周易》"，就是指这件事情。

【典故解读】

周文王面对困难和厄运时，并没有向命运屈服，而是以处变不惊的勇气、坚忍不拔的毅力、持之以恒的决心，在狱中完成了伟大的著作《周易》。在今天，我们遇到任何困难和挫折时，都应该勇敢、坚强地面对，持之以恒、坚韧不拔、奋发有为，从而克服困难、战胜胆怯、超越自我，走向成功。

【传承弘扬】

发愤著史　勇毅不屈

司马迁是我国西汉时期伟大的史学家、思想家、文学家，他以其渊博的学识、深邃的思想、不朽的人格及挥洒自如的神来之笔被后世人尊为"史圣"。《史记》是我国纪传体通史的开山之作，更是一部光耀千秋的史学与文学巨著，被鲁迅先生赞誉为"史家之绝唱，无韵之离骚"。

司马迁生于夏阳龙门（今陕西省韩城市）一个书香之家，他的父亲任太史令。司马迁自幼勤奋好学、饱览群书，青年时游历名山大川，师从董仲舒、孔安国等儒学大师，很快成长为饱学之士。他的父亲准备写一部史书，可惜壮志未酬便与世长辞，临终时又将这一重任托付于他。司马迁担任太史令后，继承父亲遗志，开始著书。在这个时候，厄运降临了，司马迁为自己的朋友李陵辩护触怒了汉武帝，被处以宫刑。按照当时法律规定，缴纳一定的钱财后可以免刑，但司马迁交不起钱，只好受刑。这对他而言不仅是身体上的重创，更是人格和精神上的极大侮辱。他曾想结束自己的生命，但想到父亲的遗愿、想到自己的使命，他忍辱负重，坚强而勇敢地活了下来。

经历李陵之难后，司马迁身体和精神遭受摧残，但他没有向命运屈服，而是将自己的屈辱、悲愤和不公的遭遇化为动力，忍辱负重、勇毅不屈、发愤著书。历经13个寒暑，他呕心沥血，耗尽毕生精力，终于完成了这部130卷50多万字，对后世产生深远影响的伟大著作。

【学习践行】

身残志不残　双手绘就幸福生活

在岐山县蒲村镇洗马庄村，有这么一个小伙，虽然从小因病落下残疾，但身残志不残，自强不息，勇毅前行，用自己的乐观态度和双手"绘"出幸福的生活。

困难生活锻造坚毅品质

廖凯，男，1989年出生，肢体三级残疾，大学本科学历，家住岐山县蒲村镇洗马庄村曹彭组，家庭人口4人，属建档立卡贫困户。廖凯自小患有"强直性脊柱炎"，导致身体落下残疾，给他的生活、学习、工作带来了诸多困难，经常服药治疗。尽管身体残疾，但廖凯从来都没有放弃学习，他深知，只有努力学习才能改变自己的命运。然而，生活总是不尽如人意，2013年，其父亲廖怀科突发脑溢血失去劳动能力，常年服药治疗，这使他家本就困难的生活变得更加艰难。母亲张小桂既要照顾生病的丈夫，又要在附近村子打零工补贴家用。残酷的现实让这个家庭饱受风霜，迫使其妹妹廖婷不得不中学毕业就出外打工贴补家庭。生活的逼迫使廖凯变得更加坚强。

艰难求职深谙工作不易

都说："穷人孩子早当家。"由于父亲生病，妹妹尚小，母亲操劳，家庭的现状，迫使廖凯不得不承担起家庭的重担。2013年，廖凯从宝鸡文理学院美术系毕业后，开始走上了求职的道路，他一边努力备考教师招聘，一边帮人画画赚取生活费。努力总是有回报的，2014年，通过层层考试选拔，他如愿考上了本地的乡村教师，但由于身体残疾原因导致他在体检时没有通过，使他和教师这个行业失之交臂。这个打击使他顿时陷入了人生谷底，然而生活的重担压得他没有太多的时间去思考命运的不公，开始重新找工作挣钱养家。2016年，精准扶贫工作开始，镇村了解到廖凯一家的情况后，想方设法为他解决家庭收入，镇上推荐廖凯发挥自身优势，给全镇各村美丽乡村建设墙体绘画，同时推荐他到周边县镇从事美丽乡村建设搞墙体绘画，他的绘画作品一度获得领导和群众的好评，在宝鸡地区小有名气。画画既是专业，又是工作，这使廖凯在画画中享受到了生活的乐趣，又使他找到了人生的价值，同时也增加了家庭收入。但好景不长，随着墙绘行业的衰退，廖凯一家的收入也越来越少，他知道，面对自己的现状，临时画画已不是长久之计。2017年，省市出台了"公益专岗"政策，在村及帮扶人推荐下，2018年上半年廖凯在蒲村镇政府从事公益专岗工作，但每月1500元的收入，很难解决其家庭的困难。

一技之长打开致富门路

从公益性专岗辞职后，廖凯开始思索维持生活收入的长远规划。镇村干部和帮扶人都比较牵挂他，多方面为其谋划未来，寻找机会，在此期间镇社保所人员多次上门，为其提供和推荐转移就业信息和岗位，但因其身体原因，都未成功。2018年根据其自身情况和特长，镇社保所和帮扶人建议他开办少儿美术培训中心，发挥自己优势，也能增加家庭收入。但选址和第一笔投入资金成为其最大困难，为此帮扶人自己开车带着他选择开办地址，并协助多方筹措资金。终于，经过多方努力，2018年5月，廖凯在岐山县蔡家坡成功开办"七彩鱼书画手绘工作室"。俗话说"万事开头难"，开班初期，许多家长都感觉他身体残疾不能胜任。但他并没有放弃，早上来画室吃完午饭他都不回去，累了就在教室趴会儿。每天下午拿着画板和画架去附近小区门口画画招生。2019年合伙开办了分校，经过两年的努力，目前廖凯招收有学员100余人，开办高中低三个层次培训，同时在培训闲余时间，他出外继续从事墙体绘画，现在其家庭收入也在稳步增加。他目前规划再开办一个有规模，综合性强的美术培训学校。

廖凯虽然身体残疾，但他意志坚定，有着远大理想，敢于直面人生，他凭着自身过硬的专业知识，不但实现了自己的理想，还使自己的家庭摆脱了贫困，走在了致富的路上，用自己的双手"绘"出幸福的生活。

（岐山县文明办）

谦　恭

《周易》云："谦，德之柄也。"谦恭是指谦恭礼让，即为人谦虚、待人恭敬，通俗地讲就是为人处事要谦虚谨慎、虚怀若谷，不能骄傲自满；待人接物要恭敬诚恳、以礼相待，不能狂妄自大。谦恭既是中华传统美德之一，又是个人自身修养的规范，更是为人处世的道德要求。古训云："满招损，谦受益"，这是历代前贤为人处世的经验智慧总结，也是一种为人处世、待人接物的态度。

【历史典故】

握发吐哺　谦恭下士

周公是西周王朝的开国元勋，杰出的政治家、军事家、思想家。他是周文王的儿子、周武王的弟弟、周成王的叔叔，以谦恭下士受后世推崇。

周公待人接物非常谦恭而有礼貌，哪怕是在治国理政之余，闲暇时也不敢怠慢。每次有贤士拜访，如果遇到他正在吃饭，就立即吐出口中的食物，然后恭恭敬敬地去接待客人。如果有时候遇到他正在洗头发，也会立即停下来，握着头发恭恭敬敬地接待客人。史书上说，周公有时候吃一顿饭、洗一次头发，要多次这样去接待客人。即使这样，周公还是生怕怠慢了天下贤士。

周公学识渊博、治国经验丰富，但他仍然很谦虚，总会在公务繁忙之际，抽出时间阅读典籍，拜访并请教天下贤士，不断学习治理国家的本领，兢兢业业地工作。

曹操在《短歌行》中赞道："山不厌高，海不厌深。周公吐哺，天下归心。"高度赞颂周公礼贤下士、尊重贤才的美德，表达了自己求贤若渴、统一天下的强烈愿望。

【典故解读】

　　周公身居高位，学识渊博，身份尊贵，但他不因渊博而骄傲，不因尊贵而自大。周公谦虚谨慎，恭敬待人，礼贤下士，赢得了天下归心。毛泽东同志讲过，虚心使人进步，骄傲使人落后。在今天，我们应该充分认识到谦恭不仅仅是一种为人处事的方式，更是一种虚怀若谷的学习态度。谦虚不是一种与世无争、不求上进的消极心态，而是一种谦谦君子、彬彬有礼的修养和风度。它要求我们做人做事不骄傲、不自满、不虚荣、不浮夸，诚实做人，诚心做事，诚恳待人。

【传承弘扬】

孔子谦恭　拜师项橐

　　孔子是我国春秋时期大思想家、大教育家、儒家学派创始人，他一生以周公为师，以"克己复礼"为己任，知识渊博，做人谦虚、恭敬有礼，门下弟子有三千多人。

　　有一次，孔子和弟子们乘马车去楚国讲学，遇见一群孩子正在玩泥土筑"城池"的游戏。孩子们只顾埋头玩游戏，没有给孔子让路。孔子走过去很有礼貌地请他们让路，其中有一叫项橐的孩子，只有7岁，他回答说："从古至今，我只听说车子要绕城墙走，没有听说过城墙还要给车子让路的！"孔子见项橐小小年纪十分机智，讲得头头是道，心里有些佩服。项橐对孔子说："您就是孔子吧，听说您是大圣人，那么请问人有多少根眉毛？"孔子说："眉毛长在眼睛上面，看不见啊！"项橐说："眉毛看不见，那天上星星总能看到吧，您知道天上有多少颗星星吗?"紧接着项橐又问了好几个问题,孔子大吃一惊,想了半天,都回答不上来。于是孔子对项橐鞠了一个躬,谦恭地说:"这些问题我都回答不上来,愿意拜您为师,请告诉我答案。"项橐说:"我现在正忙着呢,没有时间回答您,您还是绕道走吧!"孔子就坐上车,绕过那些"城池",继续赶路。

孔子的学生子路对孔子说:"那些问题很古怪,您就随便说说,糊弄一下小孩子就行,何必与他们讲道理呢?"孔子十分严肃地说:"知道就是知道,不知道就是不知道,为什么要不懂装懂呢?"接着他又感叹说:"后生可畏啊!知识没有长幼,达者为师,项橐可以做我的老师。"这就是《三字经》中所讲"昔仲尼,师项橐"的故事。

【学习践行】

情系乡梓携后学　谦恭待人风范存

郭子直先生是岐山县城西巷人,陕西师范大学教授,我国著名汉语言文学家,对周文化也颇有研究。他的著作《简述西周金文中的周公及其史迹》,在周公研究中有很大影响。他还是省政府最早聘任的文史研究馆馆员。20世纪40年代从北京大学毕业后,他放弃优厚待遇,回家乡参与创办岐山中学,为岐山县教育事业作出了重大贡献。20世纪八九十年代,我曾有缘几次拜访过郭老先生。郭老对岐山教育、文化事业的关切之情,对学术的严谨态度,对弘扬周文化的重视,待人谦恭有礼,殷切提携后学,至今思来,钦佩感动不已。

1985年9月10日,是新中国首届教师节,县上欲举办庆祝书画展。能有郭老先生作品出展,无疑最好不过。恰好8月份他在老家过暑假,抱着试试看的心理,我与办画展的张慎立同志一起到三民巷郭先生老家拜访。在大门巷堂遇见郭先生老伴,她向院内喊道:"子直,有人找。"

直呼70多岁老人的名字，在岐地即使夫妻之间也极少有。幸好我们早了解到，他俩均是文化人，双方一直是直呼名讳的，因而当时也未露惊讶之情。一听到叫声，正在院子太阳底下晒老书的郭老把我们热情迎到屋里。我们试着说明来意，郭老一口答应。还对办书画展提了一些好建议。过了几天去取时，他在桌子上摆了三四幅字让我们挑。郭老的字不管行楷、小篆，当时就很有名气，当然在我们看来幅幅都很好。但他反复比对后，只挑出行、篆体各一幅。并叮嘱说，尽量多展普通老师的为好。临走时，我们以试探的口气，请郭老给我俩写幅字作纪念，他不但爽快地答应，还把我们的名字及想要写的内容都记在小本子上。一月后，从西安给我们捎回四尺行楷一幅，内容是摘自刘熙载的《艺概》。这幅字我至今仍然珍藏着。过去，在岐山说到县城富裕之家时，有"岐山郭宋家（方言音'呀'），扶风周邓家"的说法。郭老就是其中郭家的子弟，其家风崇文重学，藏书颇丰。他对书籍情有独钟，放暑假时，便要从西安搭车辗转回乡，整理晾晒书籍。那次我们就碰到他晒书的场景。但是，后来郭老却毅然把家中藏书捐给了陕师大图书馆，自然包括我们见到的通风晾晒的那些书了。

1988年腊月初，县教育局组织教研室人员到西安陕师大附中等中学听课考察。当时高考竞争激烈，一般学校不接待外人听课，我们寻到郭老师的家中，郭老穿着黑对襟棉袄和洗得有点发白的黑条绒暖鞋，热情地把我们八九人让进客厅。房子不大，板凳少，我们几个年轻人，就端着热茶站着喝。他爽快地答应我们联系师大附中考察之事。当时电话少，他上楼下楼跑来跑去，联系师大教务处姓乔的京当人，一块谈妥此事。此行不但听了不少名师的课，还带回了师大附中不少宝贵资料，对促进我县教育质量提高有一定的帮助。

1992年前后，县政协文史资料委员会征集周文化方面有关文章，当时我上陕西师范大学中文本科函授，普通话不过关，就用岐山方言读

《诗经》。其中"兮"字出现频率很高，但在方言中此字现仍常用，如"麻兮""脏兮""落兮"，还有"飧""咥"等，就这一语言现象，我冒昧写了一篇《浅谈〈诗经〉中岐山方言字词》的文章，交给了县政协办。据政协同志讲，由于文章涉及古文字，县上此类专业人员少，就派专人到陕西师范大学请教郭老。当时郭老已经80多岁，身体有时也不好。但他对这事很重视。县上意思让他翻一翻，能用则用，不行便罢，不过一两千字的短文嘛，最好返回时能有结果。但郭老让把文章留下，他要抽时间细看。过了几个月，郭老把修改意见用挂号信寄给政协文史委负责人，大信封内有给我一封言辞恳切充满鼓励和肯定的亲笔信，附有郭老一本蓝色封面油印的著作《岐山方言词小考》。在四百多字的信中，先生嘱咐我多学多思考，在方言研究上不断进步。再看我的原文，上面密密麻麻写着红批、黑批，足有几百字，看来是改过几次的。2000年，我的这篇凝结了郭老心血的小文章和郭老一篇宏文大作，一同被收入《岐山文史资料》第九辑。但令人十分惋惜的是，郭老的署名已被用浓重的黑框圈了起来。他是那年元月份，天气很冷时逝世的。

郭老已离去了十多年，但许许多多人经常还在念叨他。他德高望重、学识渊博、谦恭待人，值得人们怀念的地方很多，当然包括他对家乡各项事业的拳拳关爱之情。

（李沛生《凤鸣岐山》第6期）

宽　恕

《尚书·周书·君陈》云："有容，德乃大。"简单地讲宽恕就是宽大忠恕，宽，就是宽大，即胸襟开阔，不斤斤计较，不吹毛求疵，恕，就是忠恕，能将心比心、推己及人，不苛责他人。宽恕是儒家处理人际关系的道德规范，也称之为忠恕之道。《周易》讲："地势坤，君子以厚德载物。"宽恕是一种美德与修养，是一种气度与雅量，是一种君子型人格和崇高的道德境界。当然，宽恕应该坚持原则，在大是大非的问题上，不能有丝毫容让。

【历史典故】

东征平叛　宽恕待人

西周王朝建立后，为了加强对东方殷商地区的控制，武王将自己的三个弟弟封在东部地区做诸侯。一个封在管，故称管叔；另一个封在蔡，故称蔡叔；还有一个封在霍，故称霍叔。他们的职责是监视东部殷商势力，被称作"三监"。

武王去世后，成王年少，周公摄政治理国家。管叔等"三监"不服，与纣王的儿子武庚勾结，发动叛乱，史称"三监之乱"。周公团结召公、太公等重臣，东征平叛，平息了叛乱后，根据罪行的轻重，将主谋管叔、武庚处死，胁从者蔡叔流放，霍叔贬为庶人。三年后，周公宽恕了霍叔，还重新封他为霍侯。

蔡叔被流放后不久病逝，他的儿子姬胡也参与了叛乱。蔡叔去世后，姬胡不断反省，逐渐认识到蔡叔的错误。周公得知后，不计前嫌，举荐姬胡为卿士，并放在自己身边锻炼。过了一段时间后，周公认为姬胡已经脱胎换骨，建议成王将他重新封到蔡做诸侯，故称"蔡仲"，又称"蔡仲胡"，并作《蔡仲之命》，对他谆谆教诲。周公对参加"三监之乱"，能够反省改过的都谆谆教诲，宽恕他们，举荐做官，重新封为诸侯。

【典故解读】

俗话说："宰相肚里能撑船"，周公对参与"三监之乱"、犯了错误的人，并没有一棍子打死，而是以宽恕之道，帮助他们反省改过，重新重用，让他们造福国家和人民。海纳百川，有容乃大。宽厚待人不仅是一种待人接物的态度，更是一种高尚品德和一种非凡气度。做人应以恕己之心恕人，以责人之心责己，更不能因为鸡毛蒜皮的小事，斤斤计较，得理不饶人。学会宽恕，生活才会更加轻松快乐，社会才会更加和谐稳定。

【传承弘扬】

桓公用贤　不计前嫌

齐桓公，姜姓，名小白，春秋时期杰出的政治家，齐国国君，姜太公之后，春秋五霸之首。

齐桓公即位前，齐国发生内乱，在老师鲍叔牙的保护下，逃到莒国避难。他同父异母的哥哥公子纠在管仲的保护下，逃到鲁国避难。齐国内乱平定后，两人争先回国，都希望即位做齐国国君。公子纠派管仲带兵堵截，管仲用弓箭射中齐桓公的带钩，齐桓公假装中箭倒地而亡。管仲走后，齐桓公换上便服，日夜兼程赶回齐国即位。

齐桓公做了国君后，一心想报一箭之仇。鲍叔牙劝说道："管仲是个奇才，如果您想成就霸业，就必须重用他。"齐桓公不计前嫌，宽恕了管仲，并假借报仇雪恨为名，逼迫鲁国交出管仲。管仲来到齐国后，与齐桓公谈论富国强兵、开创霸业的道理，齐桓公废寝忘食，听得入迷。于是就拜管仲为相，并尊管仲为"仲父"。在管仲的辅佐下，君臣同心，改革内政，发展经济，励精图治，打着"尊王攘夷"的旗号，号令诸侯，成为春秋时期第一个霸主。

【学习践行】

宽厚待人讲奉献　春风化雨育桃李

乔山脚下，周礼之乡，有一位终身奋战在乡村教育第一线，默默无闻、爱校如家、无私奉献、宽厚待人的乡村老教师，他就是从京当九年制学校退休的何安平老师。何老师工作勤勤恳恳，把自己的一生奉献给了家乡的教育事业。

何安平老师1962年出生于京当镇张家村中何组，初中毕业后考上了武功师范。在校读书期间，他勤奋学习，立志从事教育事业，以改变家乡的教育面貌。20世纪80年代初，正是我国改革开放的起步阶段，乡村教育比较落后，生活条件比较艰苦，京当乡又是岐山县比较偏远的乡镇。何安平老师毕业后，毅然回到家乡任教。他从一名小学教师做起，由于工作认真，业绩突出，逐渐从普通教师到教导主任、副校长、校长，一步一个脚印，成长为一名学校管理者。

时光荏苒似流水，岁月匆匆鬓染霜。漫漫的教书生涯，使何老师从一位风华正茂的青年变成一位两鬓斑白的老人，数十年的教书生涯使他对学校产生了深厚的感情。作为学校管理者和教育者，他总是带头讲奉献，宽厚对待同事和学生。他在京当西坞村小学担任校长时，正是21世纪初，学校经费由乡镇拨付，加之西坞小学学生人数少，经费十分紧张，一部分需要自筹。为了支持学校正常运转，村上给学校划拨了几亩地。何老师利用这几亩地开展勤工俭学，以弥补经费不足。他带领师生在教学之余，秋季种上麦子，夏季种上玉米，还在学校养起了兔子。有一年，适逢夏收，他正准备收自家晾晒的麦子，天气突变。他赶紧交代家人后，骑自行车赶到学校操场，把学校晾晒的麦子收起来。回到家后，自家的麦子反而淋了雨。还有一次，何老师正在吃午饭，学校养的兔子要下崽子，他二话不说放下饭碗，为兔子接生，一时传为美谈。在他的带领下，学校勤工俭学工作开展得非常好，不仅还清了债务，还改善了办学条件，又用剩余的经费奖励优秀师生，在他离任时，该校经费还有不少盈余。因勤工俭学工作成绩显著，2006年宝鸡市教育局授予何安平老师"勤工俭学先进个人"荣誉称号。

随着学校的撤并，京当初级中学与京当中心小学合并为京当九年制学校，何安平老师担任副校长，主管小学部教学工作。他在学校管理和教学工作之余，坚持学习，不断提高自己的业务能力，他经常坚持背诵诗词名篇和英语单词，做数学题。他还擅长辅导奥数，经他辅导的学生，在全国奥数竞赛得过大奖，他也数次荣获全国性奥数竞赛一、二等优秀辅导奖。有几次，县城学校领导请他来县城学校任教，辅导奥数，都被他婉言谢绝。何老师作为学校领导，从来没有架子。他经常说，吃些亏没啥，吃亏是福嘛！在教学工作中，他从不斤斤计较，有老师因事因病请假，加课调课是一个老大难的问题，他总是揽在自己身上。这样下来，一学期加课多达一二百节，他总是要求学校象征性算一点补助。学生犯了错误，他总是耐心教育，轻易不批评他们。他就是这样一个宽厚待人，宁可自己吃亏，也要讲团结、求和谐的人。

后来按照惯例，何安平老师从副校长岗位退居二线担任协理员后，可以歇下来了。但因学校工作需要，他没有享受这一待遇，承担了学校门卫工作。尤其是寒暑假期间，他经常吃住在学校，一直干到退休的前两天。

（马庆伟）

第二章 家庭美德

　　自西周以来，我国逐渐形成了以血缘关系为纽带的宗法制社会，产生了"家国同构"的社会模式，即家庭是国家的基础，国是最大的家，家是最小的国。正所谓"天下之本在国，国之本在家"。因此，先贤们很早就认识到维护家庭和谐与社会稳定的重要关系，将"家国天下"视为一体，提出了"家齐而后国治，国治而后天下平"的理论思想。

　　中华民族历来重视家庭教育和家庭文化建设。在古代社会形成了以宗祠和家塾为教育阵地，以族规乡约、家风家训、家规家教等为主要内容，独具特色的家庭文化和家庭教育体系。由此形成一套完整的家庭伦理和行为规范体系，产生了"父义、母慈、兄友、弟恭、子孝"等家庭伦理道德规范，这些构成了我国古代社会的伦理道德核心和理论基石。家庭美德是家庭教育和家庭文化的重要组成部分，是人们在家庭生活中协调家庭成员和邻里间关系、处理家庭及邻里间矛盾时所遵循的道德规范。

岐山是中华民族优秀家庭文化和家庭美德的重要发祥地之一，周太王非常重视家庭教育，他是周人好家风的鼻祖。经太伯、仲雍、季历、文王、武王、周公、召公等诸位圣贤的传承弘扬，形成了德孝仁爱、恭谦礼让、敬老尊贤、和睦团结的好家风，以及父慈子孝，兄友弟恭、夫妻敬爱、邻里相助的家庭美德，成为周文化的重要组成部分。

习近平总书记强调："中华民族历来重视家庭。中华民族传统家庭美德铭记在中国人的心灵中，融入中国人的血脉中，是支撑中华民族生生不息、薪火相传的重要精神力量，是家庭文明建设的宝贵精神财富。"《新时代公民道德建设实施纲要》提出，推动践行以尊老爱幼、男女平等、夫妻和睦、勤俭持家、邻里互助为主要内容的家庭美德，鼓励人们在家庭里做一个好成员。这为传承弘扬中华民族家庭美德和推进家庭文明建设指明了方向，提出了具体要求。

孝　敬

　　《礼记·祭义》云："大孝尊亲，其次弗辱，其下能养。"孝敬就是孝顺、尊敬父母和亲长，它既是我国古代家庭伦理道德之首，又是中华传统美德之一，"二十四孝"的故事在民间家喻户晓，广为流传。古人云："人不孝其亲，不如禽与兽。"孝敬父母是超越时空、种族、国别等界限的，是人类最普遍的道德规范之一。孝心和孝行是做人的根本，是一切美德的起点，是家和万事兴的基础。一个有孝心和孝行的人，才会有仁爱之心和感恩之心，才会关爱他人、回报社会。百善孝为先，孝敬父母是每个人一生中最基本的良知与品德，当儿女懂得牵挂父母，当父母习惯依靠儿女，这才是人世间最美满的幸福。

【历史典故】

寝门视膳　德孝家风

　　周文王是我国商朝末期杰出的政治家、军事家，周国的国君。他以仁德治理国家，在天下诸侯中威望很高。周文王去世前，天下三分之二的诸侯国已经归附于周国。

　　周文王不仅是一位贤明的君主，更是当时有名的大孝子。他每天早晨起床后第一件事情就是要先到父母那里去问安，看一看父母身体是否安康，精神是否愉悦。如果父母身体健康，精神愉快，文王就会高兴地离开。中午和晚上都要像早晨那样去问安，他每天都这样三次向父母问安。如果父母身体或精神有一点不好，他就很紧张，坐立不安，忧心忡忡，直到父母身体恢复，他才能安心下来。

　　每次吃完饭后，周文王都要问父母吃饭的情况，得知父母吃得很好，食欲未减，他才高高兴兴地回去。就这样日复一日，月复一月，年复一年，无论朝夕寒暑，周文王都对父母的起居饮食关心备至，从不间断。在文王的言传身教下，子孙们也以文王为榜样，继承了这种德孝家风。

【典故解读】

周文王恪守孝道，对父母饮食起居关心备至，为子孙和天下百姓树立了榜样，也为后世树立了典范。小时候，父母是子女的大树，长大后，子女是父母的大树。今天，我们要剔除古代社会的愚忠愚孝思想，对父母怀着一颗赤诚之心，不仅在物质上，还要在精神上用心去感恩、去回报。古人云："子欲养而亲不待。"孝敬父母绝不能等待，应该从现在开始，从小事做起。善待父母，就是善待明天的自己。

【传承弘扬】

杨杲侍母　孝感动天

杨杲是元朝时期周原地区一个村子的樵夫，他自幼父亲因病去世，母亲含辛茹苦把他拉扯大。全家靠他打柴维持生活，母亲平日纺纱织布补贴家用，母子俩相依为命，日子过得很清贫。

杨杲家里尽管很穷，但他却是远近闻名的大孝子，从小就对母亲很孝顺。他平日打柴卖的钱，自己省吃俭用，却总会到集市上给母亲买一些好吃的。后来，他见母亲年纪大了，就劝母亲不要劳累了，自己却早出晚归，更加勤快了。

有一年夏季，杨杲的母亲因长年累月纺纱织布，患上了眼病，看不清东西。他心急如焚，背着母亲四处求医问药。后来他听说太白山上有个道观，道观里住着一位道长，医术高明，善治眼病。道观旁有一眼清泉，泉水清澈，能治百病，用泉水洗眼睛，可以治好眼病。杨呆得知后，非常高兴，常常不辞劳苦，迎着炎炎烈日，背着母亲长途跋涉，登到山上，为母求医治病。有一次，杨呆正背着母亲上山，遇到一位穿着华丽、器宇不凡的青年公子带着随从游览太白山。他见杨呆气喘吁吁、汗流浃背，就上前问明情况。得知杨呆是位大孝子后，非常感动，想让随从帮助杨呆换背母亲上山。杨呆说："孝敬母亲是我自己分内的事情，怎么能够假手于他人呢？"青年公子听后更加敬佩了，他感慨万分，作了一首诗。

天下父母爱子深，孝顺儿女有几人？
寒山石径遇孝子，堪称天下知恩人。

青年公子认为杨呆的孝行可以作为天下人的楷模，非常钦佩，便与杨呆结拜为异姓兄弟。原来这位青年公子是当朝的太子，后来他当了皇帝后，想起了这位结拜兄弟，便赐封杨呆为"孝母千岁"，表彰他的孝行，作为天下人学习的榜样。

相传，杨呆的母亲去世后安葬的那天，下起了倾盆大雨，但坟墓周围百丈之内却没有半点雨星。人们都说杨呆的孝行感动天地，便把他住的村子改名为"孝母村"。

【学习践行】

用爱撑起一个家

在岐山县，提起蔡家坡镇四原村村民现水玲，许多人都会竖起大拇指。从14岁起，现水玲就悉心照顾与自己无血缘关系的养父兄弟3人和重病卧床的奶奶，演绎了一段不离不弃的爱的传奇，成为当地一段广为流传的佳话。

任劳任怨，不是亲人胜似亲人

初冬的清晨，天蒙蒙亮，26岁的现水玲就开始了一天的忙碌。做饭、洗锅、打扫院子、下地干活……这样的日子周而复始，但她对养父的爱和对家庭的责任感从未改变。

1995年，现家收养了刚出生不久的现水玲。现水玲的爷爷去世得早；大伯现宗居年轻时落下残疾，走路一瘸一拐；养父现居居智力有些缺陷，但身体尚可，能下地干活；三叔现新水自小聋哑。全家上上下下，全靠现水玲的奶奶一个人打理，生活贫困。现水玲来到现家没有奶吃，家里也买不起奶粉，现水玲的奶奶就用稀面糊把她喂养大。天性乐观的现水玲没有觉得日子苦，从小就帮家里干活。"自从记事起，我就一直跟在奶奶身边，把家里缝缝补补、洗洗涮涮的活儿学了个遍。"现水玲说。

现水玲14岁那年，年迈的奶奶被查出患了咽喉癌，自此卧床不起。奶奶病倒了，现家的重担就落在了现水玲稚嫩的肩膀上。她不仅要照顾一家人的衣食住行，照管地里的农活，还要伺候重病在床的奶奶。

奶奶生活不能自理，现水玲就每天按时喂饭喂水、接屎端尿；害怕奶奶长褥疮，她就每隔几小时给她翻翻身，隔几天给她擦洗身子、换一床干净的被单；担心奶奶吃东西难以下咽，她就给奶奶单独做一些好消化的流食；奶奶长期卧床，脾气越来越古怪，脑子也越来越糊涂，她就抽空背着奶奶到外面转一转……在现水玲的精心照顾下，奶奶卧床6年从来没生过褥疮，炕上的被褥也一直都干干净净。邻居张波燕说："水玲这娃是我看着长大的，她把屋里老人伺候得很好，是个好娃娃！"

面对生活的困苦和家庭的重担，现水玲坦言，她不是没有犹豫过，尤其是看到村里跟她一样年轻的人纷纷外出打工过上了好日子，她也会有外出的想法。"但我想到，他们把我拉扯大是多么不容易，我就下了决心，一定要为养父一家尽孝。"现水玲说。

2015年，久病卧床的奶奶去世，现水玲哭成了泪人。尽管心里百般难过，可日子还得继续。现水玲坚强地维持着这个家，一边继续照顾养父三兄弟，一边努力干活挣钱。

招婿上门，夫妻同心共尽孝道

现水玲20岁那年，村上有人给她介绍对象，想着姑娘嫁出去了，日子就好过了。但是，不放心家里人的现水玲提出要求，对象"必须上门"。这让不少人打了退堂鼓。

几年前，有个咸阳小伙，不嫌弃现水玲家穷，愿意上门，两人也谈得来。可是到了谈婚论嫁的时候，小伙又提出让现水玲嫁过去，把三位老人接到咸阳生活。"我如果嫁出去，这个家也就塌了！"现水玲说，最终她提出了分手。

2017年，来自天水的小伙成彦飞"上门"成了现家的女婿。"我和他结婚，主要是看上他孝顺。"现水玲说，"吃饭时他会先给三位长辈端去，平时还会为三位老人买衣买鞋。他常跟我说，结婚成一家人了，三位老人也就是他的亲人！"

小两口结婚不久，有一天养父现居居不慎摔倒，造成脑出血，现水玲和成彦飞连忙打车送养父到宝鸡市中心医院治疗。养父在重症监护室住了3天。"我说我在医院照顾老人就行，让我老公去上班，可他非得守在医院帮我。他每天买饭、找大夫、交费，特别勤快，感觉就是他亲爸住院呢！"现水玲笑着说。

如今，成彦飞在蔡家坡镇的一家餐馆上班，每月能挣4000多元。现水玲家里种了7亩多的花椒，村里还给现水玲安排了公益性岗位。

"去年，我们买了一辆小汽车，这样就方便带长辈去镇上看病，方便接送娃上幼儿园。"搂着一双儿女，现水玲的脸上露出甜蜜的笑容。

（田锡超　陕西传媒网）

慈　爱

古人云："爱子，教之以义方。"慈爱是指父母对子女慈祥、疼爱，并进行正确的教育引导，它是我国古代家庭伦理道德之一。古人讲"父慈子孝""养不教，父之过"等等，都体现了慈爱不仅是指父母对子女有养育的义务，更有教育的责任，这就是古人所讲"爱子莫要于能教，教子莫贵乎以正"的道理。秦腔名剧《三娘教子》家喻户晓的原因就是三娘在家庭教育中，慈中有严，爱中有教，体现了慈爱的真谛。为人父母不仅要疼爱子女，更要重视家庭教育，以身作则，言传身教，在言行举止上为子女做好榜样。

【历史典故】

周公教子　严中有爱

周公不仅是一位伟大的政治家、军事家和思想家，而且是一位伟大的教育家，他率先垂范，言传身教，堪为后世家教的楷模。作为一位伟大的教育家，他对子侄辈的慈爱更侧重于对他们的教育上。

有一次，伯禽去见父亲，连续三次都被父亲赶出来。他感到非常纳闷，就去请教一个叫商子的贤士。商子说："南山的阳面生长着一种树叫作桥木，北山的阴面生长着一种树叫作梓木，你去看一下吧！"于是，伯禽就去看，他看到桥木生得很高，树是仰着的；梓木长得很矮，树是俯着的。回来后他把看到的景象告诉商子。商子对伯禽说："桥木仰着，这是做父亲的道理；梓木俯着，这是做儿子的道理。"伯禽恍然大悟，商子的意思是见长辈要恭敬有礼貌。第二天，伯禽再去见父亲，一进门就很快恭敬地弯着身子上前去，跪下来向父亲行礼。周公很高兴，称赞伯禽受了君子的教诲。这就是"伯禽趋跪"的故事。

周公还多次教育成王如何做一位让天下人爱戴的君主，不厌其烦地劝诫成王要感念文王、武王的仁德和创业的艰辛，不能贪图享乐，要了解民间疾苦，不要经常游乐。周公让儿子伯禽陪成王读书学习，成王犯错误时，周公就责罚伯禽，让他代成王受罚，用这个办法教育成王改正错误。这就是"鞭笞伯禽"的故事。

伯禽去鲁国任职前，周公教育他不要骄傲自大，要谦虚待人，礼贤下士，勤勉做事。伯禽上任后，遵从周公的教诲，礼贤下士，勤于政务，将鲁国治理得政通人和，百姓尊礼守法，安居乐业。

【典故解读】

周公对儿子和侄子的慈爱如春风化雨、润物无声，尽管内容各有不同，但大的方面是一致的，那就是不忘初心、谦虚做人、勤勉做事，最终开创了"成康之治"的盛世。没有溺爱的家庭教育才是最大的慈爱，爱的方式不正确，就会害了子女的一生。《三字经》中讲："养不教，父之过。"作为父母，应该借鉴周公的教育方法，对子女的爱要坚持原则，绝不能溺爱，更要注重家教，以身作则，做好表率，成就子女的美好明天，成就家庭的幸福美满。

【传承弘扬】

择邻断杼　舐犊情深

孟子，名轲，字子舆，我国战国时期著名的思想家、教育家、儒家学派的代表人物，与孔子并称"孔孟"，被后世尊为"亚圣"。

孟子小时候，母亲带他居住在墓地旁的一个村子里，他经常和小伙伴一起玩丧葬游戏，学着大人的样子痛哭、祭拜。孟母认为在这样的地方住下去，儿子长大后肯定没出息。于是就搬到闹市旁的村子，在这里孟子又和伙伴玩起做生意的游戏，他学着商贩那样高声叫卖，拉拢客人。孟母认为这个地方也不合适，再次搬走。这次他们搬到学校附近，孟子就跟着学校的老师学习诗书礼仪，孟母认为这里很好，就住了下来。

后来，孟子不努力学习，三天打鱼、两天晒网。母亲得知后，就把孟子叫到织布机前，剪断了正在织布的纱线，教育孟子学习不能中断，只有勤奋刻苦，日积月累，才能不断进步，成为栋梁之材。这就是《三字经》里讲的"昔孟母，择邻处。子不学，断机杼"的故事，尤其是第一个故事在我国家喻户晓。孟子能够取得这么大的成就，关键在于母亲把对他的慈爱放在教育上，用正确的方法教会他为人处世的道理。

孔子的得意弟子曾参也以杀猪教子而名扬于后世。曾参的妻子有事外出，为了让儿子听话，就说："你父亲回来后杀猪给你吃肉。"曾参刚回到家，儿子就嚷嚷着要杀猪，曾参问清楚原因后，就和邻居把家里的猪杀了。妻子回来后大吃一惊，说我是哄孩子玩的。曾参说："大人的言行是孩子的榜样，怎么能欺骗孩子呢？这样他会学会说谎话的。"妻子听了，觉得曾参说得很对，以后再也不随便给儿子承诺了。

【学习践行】

父爱如山

岐山县故郡镇肖家桥村的张红丽说，要不是娃他爸，儿子可能还在床上瘫痪着。而现在，曾被诊断为植物人的儿子，在丈夫的照顾下不仅能搀扶着下地走路，还能自己吃饭。而实际上，丈夫李文全只是儿子的继父。

入赘撑起新家　儿子不幸成植物人

49岁的李文全，原岐山县雍川镇杨柳村人，曾经离异。2009年，经人介绍入赘到了故郡镇肖家桥村张红丽家。

"我来时，大儿子17岁，女儿14岁，都还在上学。"李文全说，妻子的前夫因病去世后，留下了一儿一女，还有一个80岁的老母亲，他到来后就成了这个家的主心骨，扛起了家庭重担。

"他来之前，我家连院墙都没有。"张红丽说，丈夫来之后，他们靠打工挣来的钱再加上借的钱，给家里盖起了新房。2012年，儿子马晓中专毕业之后，成了县交警大队的一名协警，家里的外债也一点点还清。

"女儿也上了技校，只要一毕业，家里日子就好过了。"张红丽说，就在她和丈夫期待着日子越来越好时，却发生了意外。

2013年8月18日，儿子马晓骑摩托车经过一个路口时被车撞倒。正在西安打工的李文全接到电话匆匆赶回来时，医生告诉他，继子脑部出血严重，需要做两次开颅手术，手术成功概率小，即使保住了命也可能是"植物人"。

"就是倾家荡产，也要救！"李文全告诉医生。抢救五个多小时后，马晓被推出手术室，但他的右头骨被摘除，成了植物人。

"偷师"学康复训练动作　10个多月唤醒儿子

"儿子，你醒醒，睁开眼看妈妈一眼呀！"做完手术后，无论母亲张红丽怎么呼唤，马晓始终双眼紧闭，静静地躺在床上，一动不动。

而揪心的还有继父李文全，他说，他10多岁时失去了父亲，看着躺在病床上刚20岁出头的继子，突然有种同病相怜的隐痛。"不管咋样，我不能放弃，一定要让儿子醒过来。"李文全说。

虽然交警部门判对方担责，但肇事者家里贫困没有赔偿能力。为了救继子，李文全只好硬着头皮回家找弟弟和妹夫去借钱；而为了省钱，也考虑到唤醒儿子是个长期的工作，他在医院时便留心观察医生做护理和康复训练时的一些动作，偷偷记下来并不断在儿子身上实践。

"我儿子1.78米的大个子，体重80多公斤，我帮不了他翻身，只能

65

让娃他爸来。"张红丽说，考虑到儿子康复需要花费、女儿上学也要花钱，在医院住了大半年后，她便将儿子接回了家，而照顾儿子的重担则落在了丈夫身上。

为了更好地照顾儿子，李文全与儿子睡在一起，形影不离地守候在他的身边。他不停地给儿子讲故事、放音乐；儿子四肢僵硬，他每两个小时就帮他翻一次身，还要不间断地给儿子捋捋胳膊捏捏腿；他还做儿子出事前经常打的交通手势，企图唤醒儿子的记忆。

功夫不负有心人。马晓出事10个多月后，不仅醒了过来，还能在别人的帮助下坐起来了。

比亲生父亲还尽职　盼儿子能生活自理

李文全说，儿子出事后，家里已经花了近20万元，大多数都是向亲戚朋友借的。而现在除了每天儿子康复、女儿上学需要花费外，他们还需要继续生活。无奈之下，只好由妻子外出打工挣钱，他在家照顾儿子。"每天早上6点多就起床，给他按摩一个小时，然后给他把屎把尿，洗漱之后便让他吃早饭。"李文全说，天气好的时候，他会扶着儿子在院子里走走，晚上临睡前还要做一个小时的按摩恢复训练，儿子现在恢复得很好。

李文全照顾继子的故事在全县迅速传开，很多村民说，虽然不是亲生父亲，但李文全比亲生父亲还尽职尽责。2014年9月，他被评为岐山县首届道德模范，今年2月份入选"中国好人榜"，成为今年首个登上"中国好人榜"的宝鸡人。

（岐山县文明办）

和　睦

古诗云："结发为夫妻，恩爱两不疑。"这是夫妻间恩爱和睦的生动写照。和睦是指人与人之间融洽、友好、和谐相处，从广义上来讲，是人际关系的一种规范。从狭义上来讲，在家庭伦理关系中，尤其是夫妻关系中，和睦是一种伦理道德规范，是夫妻间的相处之道。在我国古代社会，夫妻和睦直接影响家庭的和谐、社会的安定和民风的淳厚，因此，古人用"琴瑟和鸣""相濡以沫""相敬如宾"等美好词语来形容夫妻间的关系。在儒家看来，夫妻之间应该夫义妇顺、夫和妻柔，当然这明显存在男尊女卑的腐朽思想，这在今天是不可取的。

【历史典故】

周室三太　天作之合

周人迁往周原后，建立周国，周国能够在短时间内崛起，除了周人自强不息、艰苦奋斗，周太王、王季、文王祖孙三代英明领导等原因之外，离不开三位伟大的女性在背后默默地支持。这三位女性就是：周太王的妃子太姜，王季的妃子太妊，周文王的妃子太姒，被称为"周室三太"。她们母仪天下，贤德无比，与自己的丈夫和睦相处、恩恩爱爱、相敬如宾，家庭幸福美满，社会风气也自然良好、和谐。周王朝的建立，她们功不可没，是历史上淑德典范。

太姜是周太王迁往周原后娶的姜姓部落女子，她与太王夫妻恩爱、和睦相处，并协助太王把家族内的事情处理得井井有条。这样，太王把主要精力放在治理国家上。太王对爱情很专一，没有再娶别的妃子，为周国人树立了榜样。大家都向太王学习，一夫一妻，恩恩爱爱，白头偕老，整个国家的风气很好。孟子赞扬说"太王好色"，这里的"好色"不是拈花惹草的意思，而是赞扬太王很爱他的妃子，不搞三妻四妾，没有在后宫娶许多妃子，因而使周国"内无怨女，外无旷夫"（意思宫里没有多余的女子，宫外没有找不到妻子的男子）。太王这种高尚的情操，夫妻和睦的家庭美德为后世树立了典范。

太妊是王季的妃子，她是商朝贵族挚任氏的女儿，品行端庄，德行高洁，凡事合乎仁义道德才会去做。她与王季夫妻和睦、恩爱，非常贤惠，是王季的贤内助。太妊怀文王时，非常注重胎教，是我国历史上胎教第一人。

太姒是周文王的妃子，她是有莘氏部落的女子，《诗经》中称赞这段姻缘是"天作之和"，意思是说他们的婚姻是上天安排的，必将和谐美满、天长地久。太姒生活俭朴，仁爱善良，以崇高的品德赢得了周国人的尊敬，成为文王最得力的贤内助。她与文王夫妻和睦、琴瑟和鸣、幸福美满，生下了周武王、周公等优秀的儿子。

现在把已婚女性称为"太太"，这大概与"周室三太"有关，应该是希望她们学习"周室三太"的品德，这也算是一种美好的期许吧！

【典故解读】

周王室的兴盛与太姜、太任、太姒三位伟大女性的美德息息相关，她们与自己的丈夫和睦相处，互敬互爱，成为后世夫妻关系的典范。夫妻关系是最重要的人伦关系之一，夫妻和睦是幸福生活的基础。古代的夫妻关系是建立在封建纲常伦理基础上的，是不平等的。今天，传承这一美德，就要剔除这种落后的思想观念，树牢男女平等的观念，相互尊重、相互敬爱、相互理解、相互包容、相互扶持、互相鼓励、彼此关心、同甘共苦，成就恩爱夫妻、和谐家庭、幸福生活、圆满人生。

【传承弘扬】

举案齐眉　相敬如宾

梁鸿是我国东汉时期的文学家，他自幼家境清贫，学习很刻苦，长大后成为一位学识渊博、品德高尚的贤才，在乡里非常有名气。

　　梁鸿到娶亲的年龄时，尽管家里贫穷，但因为人品好，上门提亲的人很多，他都婉言谢绝。同县姓孟的人家有个女儿，名叫孟光，长得很普通，快到30岁了，却不想嫁人，父母问她想嫁什么样的人，她说："要嫁给像梁鸿那样品德高尚的人。"梁鸿听说后就娶孟光为妻。

　　孟光嫁给梁鸿后，就把自己精心打扮了一番。梁鸿却连续几天都不和孟光说一句话。孟光就问梁鸿："我听说您品德高尚，拒绝过许多求婚的人。如今我有幸嫁给您，您这几天对我连一眼也不看，不知道我哪里做得不对？"梁鸿说："我想要娶的妻子，是能够和我隐居起来，同甘共苦，一起过粗茶淡饭日子的人。你现在穿着华丽的衣服，涂脂抹粉，梳妆打扮，一副贵夫人的样子，这哪是我理想中的妻子呢？"孟光听后高兴地说："我这样做，只是想试探一下，看看您是不是我心中理想的丈夫。"于是，她卸掉装束，绾起头发，穿上麻布衣服再见梁鸿。梁鸿高兴地说："这才是我梁鸿的妻子啊！"过了不久，夫妻两人隐居到山中，梁鸿种地，孟光织布，每天空闲时，夫妻俩一起读书弹琴，日子过得很快乐。

　　后来，两人来到南方的吴地，在一个叫皋伯通的大户人家里打工。每次梁鸿完工回到家中，孟光总是端着盛饭的盘子，恭恭敬敬地走过去，将盘子举到同她眼眉一样高的地方，请梁鸿用饭，梁鸿也很有礼貌地用双手去接。皋伯通看到后，大吃一惊，心想：这对夫妻举案齐眉、相敬如宾，一定不是普通人啊。就把梁鸿全家请到自己家中居住，并供给他们衣食。梁鸿娶志同道合的孟光为妻，夫妻两人和睦相处，同甘共苦，一起劳动，相敬如宾，婚姻美满，成为人们学习的榜样。"举案齐眉"就成了夫妻恩爱、相敬如宾的代名词。

【学习践行】

高洁常由苦寒来

2017年仲秋的一天，我在天乐公司见到了牟拴仓。他乐观自信、侃侃而谈，热情溢于言表，与我当初对他想象的心情苦闷、情绪低沉完全属于不同境界的两个人。这使我不由想起一位哲人的论断："当一个人镇定地承受着一个又一个重大不幸时，他灵魂的美就闪耀出来。这并不是因为他对此没有感觉，而是因为他是一个具有高尚和英雄性格的人。"

是的，彩虹多在雨后出，高洁常由苦寒来。

正当牟拴仓全身心投身于自己的工作和事业之际，不幸的事情接连降临到他的头上。2001年2月，母亲因病不幸去世；时隔不到一个月，他风华正茂的妻子突然身患重病瘫痪在床，经县医院检查并转往宝鸡、西安等地治疗，最后确诊为胸椎脓肿压迫神经致高截位瘫痪，完全丧失了生活自理能力。当时孩子只有10岁，正需要父母呵护。精神上的压力及昂贵的医疗费用，使本来经济不够宽裕的家庭陷入极度艰难之中。屋漏又遭连阴雨。2004年，父亲又因病去世。接二连三的打击，像天塌下来一样压在头上，牟拴仓精神几乎崩溃，绝望笼罩心头。

当时还没有实行城镇医保，住院治疗费用高达10多万元，全部由牟拴仓东倒西借凑的。危难之际，天乐公司的领导和同事们及时伸出援助之手，不仅给予他物质上的照顾，而且给予他精神上无微不至的关怀。他渐渐从绝望中挣脱出来，专心致志地照顾妻子，尽到了一个丈夫应尽的责任。每天要给瘫痪的妻子端吃端喝，接屎接尿，翻身擦洗身体，还要照顾儿子吃饭上学，日复一日，年复一年，忍受着常人难以忍受的痛苦。曾有好心人劝他，往后的日子还很漫长，要和一个瘫痪的女人生活下去，从生理、心理上得不到幸福，何时才是尽头？当时他还年轻，30多岁，他多想抛下这拖不动的家，另造一个新家啊！可是，他看到妻子和年幼的孩子，他没有那样做。他爱这个家，妻子虽瘫痪在床，但她还有情感，还会说话。孩子放学回来，还是一个完整的家，一个由血缘关系维系着的家啊！况且，妻子贤惠勤劳，曾经对他那么体贴爱护，多少次筹划过这个家的美好前景啊。现在她瘫痪在床，心里已经够苦的了，他再抛弃了她这不是太残忍太不合情理了吗？果真那样，他也许会找到自己的幸福，但那样他还能算作一个真正有担当的男子汉吗？思考再三，他最终决定不离不弃，要把妻子陪伴到底！于是，他默默地承担起家庭的全部责任，放下精神包袱轻装上路。他克服一切困难，千方百计为妻子创造良好的生活环境，减轻妻子心理上的痛苦，帮助妻子锻炼，配合治疗康复。他在卧室装上电视，为的就是在他上班以后妻子在家不再寂寞。2008年5月汶川大地震发生后，他每天晚上要把妻子从四楼背下来，在他上班前又要背上四楼；后来干脆在院子里搭了防震棚，在简陋的条件下照顾妻子一个多月才搬回了家。他有空就守在妻子床前，为妻子按摩腿部，说说话，使妻子感受到丈夫的关爱，家庭的温馨，坚定了生活下去的信心和毅力。妻子原来一直躺在床上，在他鼓励下终于坐上了轮椅，后来慢慢地可以做些力所能及的家务，诸如抹桌子、洗衣服等等。现在17年过去了，坐在轮椅上的妻子，早晨起来能给丈夫做顿早饭，中午她会切好菜等待丈夫回家来炒。这个一度几乎撑不过去的家，又恢复了曾经的生机与活力。

牟拴仓家庭的不幸和困难，受到社会的关注。他对家庭、对妻子的仁爱之心和担当精神，深深感动了单位同事和街坊邻居，各方纷纷伸出援助之手。公司领导多次在自己家里做好鸡、鱼等营养菜肴，购买水果等营养食品让家属送到牟拴仓家里，为其妻改善生活。逢年过节，公司专门安排人员前去看望，送去慰问品。民政部门为其办理了低保，使这个家庭在最困难的时候享受到政府的救助。儿子牟豪也成长为20多岁的大小伙子，参加了工作，成为家庭的顶梁柱。牟拴仓已是50多岁的人了，他深感做丈夫的责任重大，守护病残的妻子不离不弃，照顾孩子责无旁贷，尽量不让妻子做任何事，每天下班后及时回家做家务，洗衣服、做饭全包了。在妻子眼里他是一个称心如意的好丈夫；在孩子心里他是一个尽职尽责的好爸爸；在单位他是一个兢兢业业的好职工；在社会上他树立了实践社会主义核心价值观的好榜样。他的事迹弹响了一曲弘扬中国优秀传统文化"德""和""仁""爱"的交响乐！

（李三虎）

友　爱

《左传·昭公二十六年》中讲："兄爱而友，弟敬而顺。"点明了兄弟间友爱关系。友爱是指人与人之间形成亲密、友善、和谐的关系，是一种彼此信任理解、互帮互助、志趣相近的人际关系。从广义上来讲，友爱是处理无差别人际关系的一种规范；从狭义上讲，友爱是家庭伦理道德规范之一。兄友弟恭是古代儒家对兄弟关系提出的道德规范，意思是哥哥对弟弟友爱，弟弟对哥哥恭敬。在现代家庭伦理关系中，友爱是一种手足之间的道德规范，是指兄弟姐妹之间感情和睦，互爱互敬，互相帮助。

【历史典故】

祝策祈福　兄弟情深

周公是尊敬哥哥、疼爱弟弟的典范。他的第九个弟弟康叔被封到卫国做国君，当时只有二十几岁，周公总是不放心，作《康诰》《酒诰》《梓材》三篇文诰一而再、再而三地苦心教育康叔，对幼弟关爱备至，感人至深。最能体现周公兄弟情深的是周公祈福，弟代兄死的典故。

牧野之战后，商朝灭亡，周王朝刚刚建立，武王却因为积劳成疾，突然病倒了。新生政权还没有完全巩固，这下可急坏了一干大臣们，周公更是焦急万分。大家都说要占卜一下问问吉凶，周公却不同意这样做。他斋戒沐浴后，穿戴好衣冠，拿着玉圭，准备好祭品，去太庙为武王祈福。他向太王、王季、文王祈祷，请求他们保佑武王，并愿意用自己的生命去替换武王的生命。

周公把祷词写在竹简上，这叫作策书，祈祷美好愿望的策书叫祝策。祝策写好后，然后由史官代替周公宣读。周公在祷词中说："啊，你们的子孙发，因为治理国家劳累过度，得了重病。你们在天之灵需要子孙们去服侍，那就让我代替发吧，我多才多艺，能够更好地服侍你们。"祭祀结束后，周公让人把策书藏在金质丝带捆绑的匣子中，这个匣子叫作金縢。周公告诫保管匣子的人，不要将这件事传出去。

【典故解读】

在天下还没有稳定下来，哥哥周武王病重之际，周公为武王祈福，愿意用自己的生命换取哥哥的生命，这固然体现了他以国家利益为重，舍生忘死的精神，但这种兄弟情深的崇高品德更值得我们学习。俗话说："家和万事兴""兄弟齐心，其利断金"，在一个家庭中，兄弟姐妹互相尊重、互相关心、团结友爱、互相扶持，是家庭兴旺发达、和谐幸福的关键。今天传承了弘扬这种美德，兄弟姐妹之间就要以手足之情为重，互敬互爱、互帮互助、团结友爱、和睦相处、孝敬父母、教养后辈，构建幸福和谐家庭。

孔融让梨　兄友弟恭

孔融是我国东汉末期著名的文学家，孔子的后世子孙。他擅长诗赋文章，与当时王粲、陈琳、曹植等六位文学家一起被誉为"建安七子"。

孔融有五个哥哥和一个弟弟。他4岁时，有一天，全家人一起吃梨，大家都让孔融先拿，孔融拣了一个最小的梨子。父亲见孔融年龄虽小，却很懂事，心里非常高兴，就故意问孔融："盘子里这么多梨子，让你先挑，你为什么不拿个大的呢？"孔融回答说："祖母、父亲和母亲是长辈，对我有养育之恩，哥哥比我年纪大，每天又照顾我，所以，你们都应该吃大的，我年龄小，应该吃最小的。"父亲又问："你还有弟弟呢，弟弟不是比你还要小吗？按照你的说法，最小的不是应该留给弟弟吃吗？"孔融说："我是哥哥，我比弟弟大，做哥哥的应该把大的留给弟弟吃。"父亲听了欣慰地说："你真是一个好孩子。"家人们都夸孔融是个懂事的好孩子。这就是《三字经》里讲到的"融四岁，能让梨"的故事。孔融小小年纪，懂得尊敬兄长，爱护弟弟，这种兄弟友爱的品德正是中华传统美德之一。

以砸缸救人而著称的北宋政治家、史学家司马光也是兄弟友爱的典范。尽管司马光位高权重，但照料哥哥从不让旁人代劳，都亲力亲为。哥哥司马旦80岁时，司马光也60多岁了，但他像孝敬父母一样侍奉哥哥。老年人消化不好，吃饭次数多而量少，哥哥每次吃完饭不久，司马光总会亲切地问："您吃好了吗？要不要再吃点？"当季节变化、寒暖交替时，司马光总是怕哥哥着凉，经常嘘寒问暖。

【学习践行】

陕西岐山"双子楼"里传家风

2022年2月2日农历大年初二，陕西省岐山县岐星村韦录焕、韦录明兄弟两家像往常一样，一早便开始打扫院子。这是一个没有中间院墙的大院，两家住在房屋构造一模一样的"双子楼"，共同照顾已90多岁的母亲，两家彼此帮衬，四世同堂其乐融融。

记者在岐星村看到，兄弟俩的家比周围其他家都要宽上一倍，从一个大门出入，院中没有院墙，两家是一模一样的"连体房屋"，楼梯共享，客厅和二楼大厅也有门互通，连家中灯饰都一模一样。

"这种格局是盖房时父亲定下来的，希望我们兄弟两家可以彼此照应。"哥哥韦录焕说，30多年来这个院子已翻修了两次，可两家一直保持着这种"骨肉相连"的格局。多年来，客厅和二楼大厅的门，两家从来没有锁过。

除了共同照顾母亲外，两家人在大事小事上都相互照应。"我和妻子曾外出打工多年，很长一段时间，儿子都是弟弟和弟媳帮忙照顾。"韦录焕告诉记者，大事如此，小事上的照应更是不胜枚举。平时妻子不在家弟媳会给自己把饭做好；弟弟家没人，自家会把两边都打扫干净。

"母亲90多岁，身体硬朗，平时我们除了悉心照顾她的吃喝外，还要让母亲心情舒畅。父亲去世后，我们更加注重对母亲的陪伴。"韦录明说，除了自己和哥哥外，妻子和嫂子对母亲也特别上心。"这么多年，大家一起照顾母亲，更细致，也能让母亲更舒心。"

韦录明告诉记者，孝顺长辈、照顾父母是为人子女理应做的。父母对爷爷奶奶很孝顺，他们也是从小耳濡目染。奶奶晚年失明后，母亲照顾得更加细致。他们兄弟姐妹八人都是在长辈的言传身教中长大的。

"我嫁进这个家后，公公婆婆对我特别好，不把我当外人，丈夫两兄弟感情也一直很好，这个家的氛围特别和睦，我深受感染，也很快融入了这个大家庭。"韦录明的妻子董亚利告诉记者，照顾父母是子女应该做的事，她这个儿媳更要做好"表率"。

这个春节，董亚利和往年一样，和嫂子一起准备了肘花、八宝甜饭、花卷、臊子肉等。"大家聚在一起，除夕夜很热闹，很有过年的感觉，老人也特别满足。"

"我们兄弟姐妹八个家庭40多口人每年过年期间都会聚一下。"韦录焕说，母亲身体健康、兄弟姐妹们互帮互衬，晚辈们逐渐长大明事懂礼，从聚会热络的氛围中，总能感受到大家庭的和睦温馨。

"家和才能万事兴，这种大家庭的氛围也很值得珍惜。"韦录焕说，大家都为人子女，也为人父母，希望能通过言传身教将中华传统美德传承下去。

（阿琳娜　中国新闻网）

礼　让

《左传·隐公六年》中讲："亲仁善邻，国之宝也。"礼让是处理邻里关系的道德规范，礼让是指人与人之间遵守礼仪，懂得谦让。礼让是中华传统美德之一，从广义上讲礼让是处理人际关系的道德规范，古人讲"谦谦君子，温润如玉""文质彬彬，然后君子"，强调的是处理人际关系，要像君子那样彬彬有礼，懂得谦让。在家庭伦理道德中，礼让主要是处理邻里关系的一种道德规范，俗话说："远亲不如近邻"，在我国古代社会，大到与邻国之间，小到与邻居之间，儒家都主张亲仁善邻，以和为贵，用礼让来处理这种关系。礼让是一种智慧，更是一种幸福。

【历史典故】

虞芮息讼　邻里礼让

周文王是我国商朝末期杰出的政治家、军事家，周王朝的奠基人，因是西方诸侯之长，故称西伯侯。

周文王以仁德治理周国，老百姓安居乐业，国家政通人和、兴旺发达。因此，他在诸侯中有很高的声望，大家有矛盾纠纷都喜欢找周文王来评理。周国东边有虞、芮两个小国，这两个小国互为邻居，在边界处有一块土地，平坦肥沃，两国都想把这块土地据为己有，争持不下。有人劝解说，西伯侯仁爱厚道，办事公道，有什么解决不了的纠纷，可以去他那里解决。两位国君同意了，于是就一起去周国找西伯侯。

他们来到周国，看见周国人正在耕地，他们的地界很宽，互相谦让，从不为地界而争吵。路上的行人，互相礼让，很有礼貌。来到国都后，看到周国的官员都谦虚地互相礼让，百姓和士大夫谦让成风。见此情景，两位国君感到很惭愧，他们说："我们所争的事情，是周国人引以为耻的，再去见西伯侯，只能让周国人笑话咱们，还是回去吧！"

两位国君回去后，两国再也没有争夺那块地，都想让给对方，但都没有要那块地，所以闲置下来。那块地就成了今天山西省平陆县的八景之一"闲田春色"。

【典故解读】

虞、芮两国国君深受周人谦让之风的感化，由争夺变为礼让，成为和睦相处的好邻居。与邻为善、以邻为伴、以和为贵是邻里之间应有的态度，谦恭礼让、和谐相处、互帮互助，是邻里之间应有的准则。在今天，邻里之间应该守望相助、和睦相处，彼此多一分理解、多一分宽容、多一分真诚、多一分关心、多一分谦让。有了包容心、平和心和谦让心，就能消除许多无谓的矛盾，从而建设和谐社区、和谐城市、和谐社会。

【弘扬传承】

张英让地　六尺美谈

张英是清朝康熙年间的文华殿大学士兼礼部尚书，他父亲张廷玉也是一代名臣，父子两代人，辅佐了清朝康熙、雍正、乾隆三代皇帝，地位显赫。

张英的老家在今天安徽省桐城市，张家是当地的名门望族。邻居是姓吴的大户人家，也有亲人在朝廷中做官。有一次，两家因为建造房屋争地皮发生纠纷，闹得很不愉快。双方谁也不肯相让，争持不下，就到官府去打官司。当地官员考虑到两家都是名门望族，朝里都有人，哪一家都得罪不起，案子僵持不下。于是家人就给张英写了一封信，希望他出面处理这件事。张英看了信后，认为邻居之间应该和睦相处，互相礼让，于是他在回信中写道：

千里家书只为墙，让他三尺又何妨。

万里长城今犹在，不见当年秦始皇。

家人收到信后，恍然大悟，瞬间明白了张英的意思，于是主动让了三尺地。吴家人见状深受感动，羞愧不已，也让出了三尺地。这就是著名的"六尺巷"，它成为这段佳话的历史见证。

【学习践行】

用礼让谱写周礼优秀文化新篇章

"凤凰鸣矣，于彼高冈；梧桐生矣，于彼朝阳。"岐山就是从《诗经》的凤鸣声中走出来的千年古县，是周王朝肇基之地，是中华文明的发祥地。在这块美丽神奇的土地上，孕育了博大精深的周礼优秀文化，涌现出一批践行周礼优秀文化、弘扬社会主义核心价值观的先进模范，他们用自己的行动在西岐大地抒写岐山故事。

姜明琴，佳庆花园小区居民，一位可亲可敬的退休教师。她的家庭团结和睦，互敬友爱；她热心公益，乐于助人，被小区居民亲切地称为"姜妈妈"。

她视邻居为亲人，尽自己的能力为大家做好事。遇到街坊邻居，总是主动打个招呼；看见腿脚不便的老人，总是上前扶一把。邻居有事不能去接送孩子，只要给她说一声，她就会把孩子接到自己家里管吃管喝，给孩子辅导作业，真正做到想邻居之所想，急邻居之所急，解邻居之所困。

2018年的春天，精准扶贫工作如火如荼地在西岐大地上展开。一个星期五的下午，邻居中的一对小两口，接到通知要前往故郡乡下扶贫。然而他们却犹如热锅上的蚂蚁一般焦躁不安，因为上小学三年级的女儿无人照管。得知这一情况后，姜明琴主动找到这小两口，表明照看之意。小两口感动得不知如何是好，放心地乘车前往故郡。当他们回到佳庆花园时，已是深夜11点。在姜明琴家中，温馨的月光透过窗户，洒在女儿惬意、舒心的脸庞上，小两口对略显疲惫仍带笑意的姜明琴充满了感激之情。邻里互助的关爱之情瞬间触动，感激的双手紧紧握在一起，久久不能分离……

无独有偶，邻里楷模、和美家庭——赵怀计家里的许多感人事迹也在佳庆花园被大家久久传颂。

赵怀计是一个三世同堂的16口之家，一家人热爱乡邻、乐善好施的善行义举获得了邻居的普遍称赞。

赵怀计夫妇虽然都是农民，但秉持周礼之乡的好家风，一直不放松子女教育，再苦再累再忙，都要抽出时间问问孩子的学习情况，了解孩子的思想状况，教育他们知礼仪、守规矩、干好事、做好人。几个孩子也没有辜负他们的希望，个个事业有成，乐善好施，坚持救助困难群体。汶川地震时，赵怀计一家人积极捐钱捐物，带动了身边一大批人为受灾地区捐款。大女儿赵西萍多次为学校贫穷学生捐衣服、书包、课本。大儿子赵宗平致富不忘社会，积极投身社会公益事业，慷慨解囊捐资为家乡修建学校，资助多名贫困儿童。赵怀计一家就是用这样的一言一行践行着周礼优秀文化，谱写着大爱无疆的动人乐章！

在姜明琴的引领下，佳庆花园邻里互助，亲如一家，洋溢着文明、和谐的气息；在赵怀计家庭的带动下，和谐之风遍佳庆，家和驱动万事兴，奉献书写人间爱，温馨佳庆四季春。

乘着佳庆花园文明礼仪的东风，我们凤鸣西路社区因势利导，因地制宜，成功地在佳庆花园开展了"八大工程"之"崇仁尚爱""和邦合民"工程。积极开展周礼优秀文化知识讲座、文艺演出、书法绘画比赛，设立宣传牌，发放礼仪材料袋，组织节日庆典，讲佳庆故事。特别是发放400余份邻里互助卡，动员居民从小事做起，从身边做起，开展"问一声好，递一杯水，捎一斤菜，带一碗饭，买一次药，接一次娃，挪一次车"等"八个一"活动，不断密切邻里关系，拉近了居民心理距离，加深了感情，营造出了家家争当文明户、个个争做礼仪人，天地一家人、礼仪一园亲的和谐友好氛围。

（凤鸣镇凤西路社区）

勤　俭

《尚书·虞书·大禹谟》中讲："克勤于邦，克俭于家。"勤俭是指工作上勤勉，生活上节俭，简单地讲就是勤俭节约。勤俭既是中华民族的传统美德，又是修身养德的重要途径，也是周文化的重要思想之一。周公作《无逸》曰："君子所其无逸"，劝谏成王要勤于政务，不可安逸享乐。唐代大诗人李商隐有诗云："历览前贤国与家，成由勤俭败由奢。"大到一个国家的发展，小到一个家庭的生存都离不开勤俭，只有勤俭持家，家业才会兴旺、社会才会安定、国家才会富强。古训云："一勤天下无难事""奢者狼藉俭者安"。古人视家国为一体，在历史上，大凡开国帝王都会遵循这一重要的治国思想，历代贤达也将勤俭作为重要的治家原则。

【历史典故】

《旅獒》劝谏　勤俭治国

召公，姬姓，名奭，我国西周初期杰出的政治家、思想家，西周王朝的开国元勋。他曾辅佐文王、武王、成王、康王四代君主，为"成康之治"的开创作出了巨大的贡献，被后世誉为"旷代辅弼"和"廉政鼻祖"。

周武王推翻商朝建立西周政权后，声威大震，英名远播，四方诸侯纷纷携带礼物前来道贺。其中有个叫"旅"的诸侯国派使者送来一只大狗，叫作"獒"，比较罕见，惹人喜爱，武王特别喜欢，这引起了召公的警惕。召公认为勤俭节约、不劳民伤财是必须遵循的治国思想，尤其是国家刚刚建立时，更要这样做。于是，他写了一篇文章来劝谏武王，题目叫《旅獒》。召公在文章中提醒武王，要吸取商朝灭亡的历史教训，不可玩人丧德、玩物丧志，贪图物质享受。要时时以江山社稷为重，勤于政务，关心百姓生活，积小德为大德。

召公不但劝谏武王要这样做，而且把这一思想贯彻在西周政权建设中，更是贯穿于治国理政当中。武王去世后，根据形势发展需要，周公、召公分陕而治，周公负责治理陕县（今河南省三门峡市陕州区）以东的地区，召公负责治理陕县以西的地区。召公勤于政务，常常在各地视察民情，他轻车简行，吃住都很简朴，从不扰民，更不劳民伤财，深受百姓爱戴。

【典故解读】

召公劝谏武王，以勤俭治理国家，为西周盛世辉煌的开创奠定了基础，为后世持家者和治国者树立了典范。勤俭体现了一个人对劳动成果的尊重和珍惜，它是一种操守、一种品行、一种素养和一种美德，是中华民族永远不能丢弃的传家宝，事关个人的功名事业、家庭的兴衰荣辱，国家的兴旺发达。古训云："一粥一饭，当思来之不易；半丝半缕，恒念物力维艰。"在物质生活日益丰富的今天，每个家庭更要提倡这一家庭美德，在社会上形成节俭之风，为早日实现中华民族伟大复兴而贡献力量。

【传承弘扬】

文帝治国　躬行节俭

汉文帝，姓刘，名恒，我国西汉时期杰出的政治家，他是汉高帝刘邦的第四个儿子，西汉第三位皇帝，以作风简朴、爱惜民力著称于后世。

汉文帝的节俭在我国历史上的皇帝中是比较出名的。他常常穿着草鞋上殿办公，妃子们穿着朴素的衣服，不带花边，不带刺绣，衣服的长度不准拖到地上，以免浪费。龙袍是皇帝威严和身份的象征，汉文帝的龙袍破旧了，就让人再补一补，不愿意做件新的。汉文帝当了23年的皇帝，竟然没有修建过宫殿和皇家园林，也没有增添过车马。他曾经打算修一座露台，计算了一下，相当于十户中等百姓的家产，便放弃了这一想法。他的陵墓霸陵也比较简陋，多用瓦器，这也彰显了他的美德。

汉文帝一生勤于政事，他认为皇帝最应该做的事情就是治理好国家，让人民安居乐业。他以勤政、节俭治理国家，终于开创了西汉王朝的太平盛世，史书上将他与儿子汉景帝统治时期称为"文景之治"，这是我国封建社会的第一个治世。

【学习践行】

勤俭好家风是一个家庭的精神基因

到今年，刘森老人已经去世十三年了，但若在附近几个村子提起老人的名字，人们都会停下手中的活计，满怀敬意地说一声："刘森老人是个好人！"在刘家塬村，村民教育娃娃时，会讲两个故事，一个是三千年前召公在村里听民意解民忧的传说，还有一个就是刘森老人如何教育子女的故事。到现在，村里还有许多刘森留下的印迹，矗立在村里的中共岐山地下县委革命旧址纪念碑，发起人是刘森；悬挂于千年甘棠古树旁的"甘棠遗爱"牌匾，是刘森保护的；过去三十年里，村里几乎所有贫困家庭，都受过刘森的资助……刘森一辈子都在为家乡发展作贡献，同时他传承祖辈的遗训，培育出令人羡慕的良好家风。

以 德 传 家

1919年，刘森出生于刘家塬村一个普通的农民家庭。刘森的父亲在村里德高望重，是村上的"调解人"。村民之间有了矛盾，都喜欢找他父亲"说和"。刘森念了几年私塾，后来又到岐山一家杂货店当学徒。这家杂货店的东家姓郭名敬，字子直，是北京大学的大学生，待刘森很好。在郭子直的帮助下，刘森接触到了许多进步思想。后来，郭子直与同窗张云锦共同创办了岐山中学，并把刘森招到岐山中学做勤杂工。在岐山中学，刘森主要负责打铃和一些勤杂事宜。在工作之余，刘森坚持自学文化知识，还喜欢上了历史。后来，由于刘森的父亲去世，他便回家务农。

刘森深知，娃娃的教育是重中之重。他自己虽然文化程度不高，但他希望用自己的身体力行和言传身教，让刘家后辈懂得如何做人、如何学习。他常给孩子讲："做事先做人，做人先立德。"刘家塬村自古就流传着许多关于周文化的传说，刘森本人更是崇尚周公、召公和周礼。从孩子小时起，刘森就给他们讲述周公辅政、召公爱民的故事，希望孩子能按周礼做人做事。

三年困难时期及以后的日子，因为刘森腰部有残疾，不能拿到全额工分。为了维持家庭温饱，他先后承担了生产队里做豆腐、喂牲口和管电磨子的活儿。一开始刘森做豆腐，每天从凌晨就开始吆驴磨豆，熬豆浆、点豆腐，一直到晚上九十点才能做好。但在做豆腐的五六年里，哪怕再饿，刘森一家人没有白喝过一碗豆浆，从不多吃多占生产队一点点东西。

刘森后来在生产队饲养室喂牲口，每天要经手许多饲料和草料。但刘森从未拿过生产队的一把饲料、一把草。当他管电磨子的时候，经常顾不上吃口饭，总是尽心尽力帮助村民。有的村民想给刘森抓点儿面，他总是摆手拒绝。那几年，家家生活困难，刘家也一样，经常用油菜根、苜蓿和掺着榆树皮的麸子充饥。但他一分一毫都不占公家的便宜。他还常对家人说，"己所不欲，勿施于人""将心比都一理"这就是刘家以德传家的家风。

勤 俭 持 家

刘森给刘家后辈留下的印象，最深的就是勤劳节俭。刘森常说一句话："一勤天下无难事，百忍堂中有太和。"

刘森的勤劳是出了名的，他非常喜欢劳动。20世纪60年代初期，中央政策允许开垦"十边"荒地，刘森带着一家人来到洪水河的河滩，想在这里和天"斗"出一块良田。连续三年时间，晚上八九点刘森和家人吃完晚饭，休息几个小时，鸡一叫就动身，到西河崖边挖土，再拉到河滩里垫地；到了白天，刘森还要参加生产队劳动。一车一车、一锨一锨，硬是在河滩里垫起一尺多厚的土，开出一块一亩多的地。种瓜种豆种菜种粮，这块地帮助一家人度过了灾荒年景。

刘森把土地看成农民的命根子，看得比自己的孩子还重要。即使后来双膝患上严重的骨关节炎和骨质增生，刘森还是每天让人用架子车拉他到自家责任田里干农活。他心劲很大，只要还有一口气，都要拼着老命劳动，从不讲个人享受。

刘森总教育子女，"丰年时不要忘记灾年""浪费一粟一粒，就是造罪"。刘森的孙子回忆说，爷爷每次吃完饭后，都要用开水涮一次碗，然后把水喝了，一点儿米粒都舍不得浪费掉。平时地上掉的米粒和馍渣渣，他也要捡起来规整到一起拿去喂猪。一次，刘森见自己的小孙子吃饭时，几粒米掉在桌上，他便对孙子发火，严厉训斥。每每回忆到此，刘森的孙子总是满怀敬意。他告诉记者，到现在，一家人吃饭时绝不浪费。

乐于助人

在村上，刘森家的好口碑是出了名的，不管谁家有困难，都想着去刘家求助，而刘家人也从未和别家红过脸、打过架，这也是源于良好家风的传承。刘森对自己和家人很"抠门"，但对别人，却大方到不可思议。刘森一辈子都在热心助人，他热心修路、热心保护古树、热心为革命旧址树碑立传，他把村上的事当自己的事，把别人家的娃娃当自己的娃娃一样疼。刘森要求家人，做人要有善心，他总说"人做好事，好事等人"，他希望能尽自己的力量，为社会作出贡献。

在村里，随便找一两户过去曾遇到困难的村民，他们几乎都接受过

85

刘森的帮助。东家遭了火灾，刘森第一时间赶过去安慰，把受灾家庭的村民安排到自己家住，还给钱给物；西家孩子上不起学，刘森领着孩子一趟趟跑乡政府和民政局，帮孩子落实助学政策；南家看病没钱，刘森用自己的钱领去医院看病；北家男人有残疾，刘森一次次拿着钱提着东西上门看望。就是接孙子放学时，遇到没钱的娃娃，刘森也要掏出身上仅有的钱塞到娃娃手里……这样的事情太多太多，刘家塬村7个组，每个组的困难家庭都忘不了刘森对他们的帮助。

2003年，河远村一位村民央求刘森陪他去县城帮忙办事，虽然刘森当时已经走不动了，但还是一口答应下来。当这个村民骑自行车带刘森去县城时，在下长坡时不慎连人带车倒下，刘森的腿摔成了骨折，因为年事已高，直到去世，刘森都没能再站起来。

刘森在村里德高望重，所以村民有啥事都喜欢找他调解。因为刘森立场公正，不偏不倚，也得罪过不少人，家人都劝他，但他毫不在意，还对子女说，做人要走端行正，坚决不能做歪门邪道的事。在子女陆续走上工作岗位后，刘森常对他们说："有一份工作来之不易，要珍惜，要好好为国家做事，为群众办事。"如果发现家人思想或行为上有什么不好的苗头，刘森会非常严厉的惩处。他经常评判子女日常的行事，做得对的会表扬，做得错的就会严厉批评。有人说，在刘家，很少有人玩扑克牌、打麻将，白白打发时间。

崇 尚 文 化

刘森读过私塾，又受郭子直、张云锦等教育家的影响，一辈子非常崇尚文化。虽然刘森的文化程度不高，但他希望刘家的子孙都能认真学习。刘森的儿子回忆说，自己上小学时，父亲要求他每天上午上学，下午用筷子绑上棉花，再盛一碗水，在方砖上练字。他经常给下一代讲"头悬梁，锥刺股"的故事，还用这么几句话来勉励孩子学习：

小子读书不用心，不知书中有黄金。

早知书中黄金贵，高照明灯下苦心。

在父亲的鞭策下，刘家的孩子学习都很刻苦。到现在，刘家的孙子辈中出了好几个研究生。刘森的孙子回忆说，小时候自己贪玩，爷爷总是教他不要乱跑，更从不会带着他买玩具，但只要自己说想看书，爷爷就会笑眯眯地牵起他的手，带他去书摊或者书店，他想看的书，刘森总是毫不眨眼就买下，然后督促他读书学习。

刘森很尊重文化，尊重文化人。他有个规矩，凡是带字的纸张，坚决不能抹脏东西或用脚踩，刘森认为，文字是神圣的，不容亵渎。他在世时，总是细心收集带字的纸，集中起来焚烧掉。刘森喜欢读书看报，喜欢学习国家时政，关心国家大事，还要求家人懂得"处处留心皆学问"，他时常随身带个小本子，看到值得学习的内容就立刻记下来。

好家风能带出好子孙，现在，刘家的子孙后辈中有当医生的、当公务员的、当飞行员的、当教师的、当国际注册会计师的，都是大学生或研究生，他们都很努力，都很出色。

（宝鸡市政府网）

家 风

古人云："忠厚传家久，诗书继世长。"家风是我国独具特色的优秀传统文化，家风又称门风，是指一个家庭或家族世代相传的风尚和生活作风，即家庭当中的风气。家风是一种潜在的精神和道德力量，是一种无言的教育和价值准则，它能够潜移默化地影响着家庭成员的言行举止和为人处世。我国古代社会十分注重家风建设，家风建设既是中华民族的优良传统，又是中华优秀传统文化的重要内容之一。好的家风是一个家庭兴旺不衰的不竭动力，也是整个社会风清气正的源泉。

【历史典故】

太王家风　泽被千秋

周太王古公亶父是商朝末期杰出的政治家，周王朝的奠基者。周人迁往周原后，能够很快崛起的一个重要原因是周太王开创了好家风，周人历代君主都继承这种好家风，并发扬光大。

周太王为了避免和戎狄部落发生冲突，带领族人离开豳地，迁到周原后建立周国，百姓因感念太王仁德，纷纷归附。在周原，太王娶了太姜后，对爱情专一，没有娶别的妃子，夫唱妇随，相濡以沫。后来，太王想把君位传给小儿子季历。大儿子太伯、二儿子仲雍知道父亲的想法后，主动让贤，到江南去建立了吴国。这些都体现了太王家庭中父慈子孝、兄友弟恭、夫妻和顺的和谐的家庭氛围，在太王的熏陶和言传身教下，形成了德孝仁爱、恭谦礼让的好家风。

周太王去世后，季历即位，他继承了太王开创的好家风。史书上说季历崇尚仁德，推行仁义，在诸侯中威望很高，大家都愿意听他的话。季历被害后，周文王即位，他不仅继承了祖父、父亲的好家风，并且发扬光大。他仁德爱民，礼贤下士，实施仁政，赢得了天下归心，当时天下有三分之二的诸侯都归附周文王。文王去世后，武王继位，在他的领导下，推翻了商王朝的统治，建立了西周王朝。武王去世后，周公摄政，辅佐周成王治理国家，最终将周王朝发展至高峰，开创了"成康之治"的盛世。在这一历史时期，周武王、周成王、周公是这一好家风的传承者、践行者和弘扬者。

在古代社会，家与国是同构的，家是缩小了的国，国是放大了的家。因此，统治者家风的影响是由个人到家庭，由家庭到家族，由家族到国家，由国家到天下，从而对整个社会产生重大影响。从周太王开始，经历了季历、文王、武王和成王四代君主的传承弘扬，形成了个人层面修身养德、立身为正，族长层面公正无私、团结友爱，国君层面仁德爱民、以仁施政，天子层面为政以德、勤政爱民的好家风。这是周人留给我们最宝贵的精神财富。

【典故解读】

俗话说，一个好家风可以兴旺几代人。周太王的好家风成就了自己的事业、家庭的幸福、部族的崛起、国家的兴旺、王朝的昌盛。好家风是家庭教育的重要组成部分，它如春风化雨、润物无声，能在家庭日常生活中熏陶、影响和教育家庭成员，形成一种强大、坚韧、持久的道德力量。身教重于言教，正人先正己，好家风要靠家长以身作则，做好表率，既严格教育好子女，又为他们树立好榜样，让正能量充盈家庭，这样才能把家风建设好、传承好、践行好，从而构建和谐、幸福、美满的家庭。

【传承弘扬】

梁氏家风　一门九杰

梁启超是我国近代著名的启蒙思想家、政治活动家、教育家、学者、资产阶级维新派领袖人物之一。作为一位国学大师，他一生著作等身，学术成就极高，对近代产生了深远影响。梁家还以"三院士六专家"而著称于世，这与良好的家风有着密切的关系。

梁启超十分注重对子女的教育问题，尤其重视家庭教育和家风建设，他以身作则，身教言教，非常重视对子女的品德教育。一是要求子女胸怀家国、勇于担当，做一个负责任的国民；二是要求子女艰苦朴素、奋发有为，不断在艰苦的环境中锻炼成长；三是要求子女勇敢自信、谦虚好学，不可骄傲自满，努力为国家和社会作贡献；四是要求子女乐观向上、勇于进取，将生活、学习与兴趣相结合。

在和谐、民主、平等的家庭氛围中，梁启超和子女们不仅有着深厚的父亲与子女之情，还像知心朋友一样经常谈心，总是不厌其烦地回答子女的问题，经常鼓励他们。

在这种良好的家庭氛围中，通过潜移默化的家庭教育和家风熏陶，梁启超的子女中，有三位院士，六位专家，被赞誉为"一门三院士，九子皆才俊"，他们为国家作出了巨大贡献，这在近代史上是绝无仅有的。

【学习践行】

好家风培育出的小明星

在岐山县城关小学有一位品学兼优、多才多艺的校园小明星，她就是六年级四班学生苏婷妍。提起苏婷妍同学，师生们无不竖起大拇指称赞她们家的良好家风。

苏婷妍生活在一个幸福的家庭里。家里有奶奶、爸爸和妈妈。她的爸爸是一名公务员，妈妈是一位小学教师。爸爸妈妈爱岗敬业、孝敬老人、关爱他人。在爸爸妈妈的教育和熏陶下，她懂得了"天道酬勤"和"百善孝为先"等许许多多做人的道理，养成了勤奋好学、孝敬长辈、助人为乐的好品质和好习惯。

孝敬长辈的小楷模

良好的家风无时无刻不在影响着、教育着苏婷妍。她传承了"百善孝为先"的良好家训，时时处处践行着孝道，传播着爱心。她为自己设置了"孝敬长辈孝行卡"，坚持做好五件事，即：每天帮妈妈做饭洗碗；每周陪爸爸妈妈散步；每周回老家看望一次奶奶；每月至少给爸爸妈妈洗一次脚；节庆日给爸爸妈妈送一句感恩祝福。爸爸妈妈平时工作忙，她从不给父母添麻烦，在家里经常跟着父母做些力所能及的事情，从小就养成了生活自理的好习惯，自己整理房间，自己洗澡，自己洗衣服。她对奶奶有着特别深的感情，奶奶年龄大了，身体不好，她经常给奶奶捶背、端水、拿药，搀扶奶奶，提醒慢点走。吃完饭，总是主动洗碗刷锅，经常陪奶奶聊天，说一些趣事逗奶奶开心。在学校里，她也不忘对同学们讲如何孝敬父母，要善待父母，尊敬长辈和老师。她的一言一行、一举一动潜移默化地影响着其他同学。

助人为乐的小榜样

良好的家风无时无刻不在影响着、教育着苏婷妍。她乐于助人，关心他人，在学校将摔倒的小同学扶进教室；给身边忘记带学具的同学借一支笔；下课时给老师接杯热水；看到地上有垃圾，主动捡起来；在生活中尊老爱幼，善待身边的每一个人；捐助山区贫穷孩子……尤其是居住在她家楼下车库的一位来自山区的阿姨，为了两个小女孩上学来到了县城，生活十分困难。苏婷妍和爸爸妈妈得知情况后，伸出援助之手。爸爸帮助阿姨找到了一份环卫工人的工作，尽管收入很低，但是解了燃眉之急！她妈妈经常帮助阿姨接送孩子，苏婷妍也和两个小女孩成了好朋友，一起玩耍，一起游戏，一起学习。还为两个小妹妹送去了衣物、水果和食品。有时还为她们当"小老师"，辅导作业。阿姨家现在生活得很幸福。

赠人玫瑰，手有余香。在帮助别人的同时，她也体验到了快乐！

全面发展的小明星

良好的家风无时无刻不在影响着、教育着苏婷妍。在学习道路上，她勤于动脑，善于思考，刻苦努力，能够虚心请教，不耻下问。从入学到现在，她作业工整，能及时完成。每学期的学习成绩均在全年级名列前茅，经常被评为"三好学生""阅读之星"和"优秀少先队员"。

好家风培养了她丰富的兴趣爱好。在学校精彩纷呈的文艺汇演和各种主题教育活动中，经常会看到她主持节目、表演节目的风采；2014年在学校"庆六一"文艺活动中表演的节目被评为一等奖；2015年元月在西安电视台"蒲公英之歌"春节文艺晚会中表演节目，受到好评。在2014年11月在学校组织的"文明礼仪伴我行"讲故事比赛中获一等奖。2013年1月在学校"读书比赛"活动中被评为"智多小博士"；2014年6月被学校评为"读书小博士"；2014年12月在学校"文明礼仪伴我行"演讲赛中获得一等奖；2015年4月在宝鸡市人防办举办的"我的避险故事"小学生作文大赛中荣获优秀奖；2015年9月在学校"好习惯伴我成长"演讲比赛中获一等奖；2015年12月在岐山县"善行伴我成长"演讲比赛中被评为优秀选手，并代表市、县参加2016年3月陕西省教育厅、陕西省慈善协会组织开展的"善行伴我成长"演讲比赛并荣获三等奖。2016年4月被评为宝鸡市中小学"校园读书之星"。2016年10月在学校"传承周礼优秀文化，做文明有礼好少年"演讲比赛中，荣获一等奖。

好家风伴她成长。愿这颗校园小明星从现在做起，从小事做起，永远做周礼优秀文化的传播者和践行者。

（岐山县教育体育局）

家　训

古训云："治家严，家乃和；居乡恕，乡乃睦。"家训是修身齐家的重要法宝。家训又称家诫，是先辈对后世子孙立身处世、持家治业的教诲，是家庭文化的重要组成部分，是中华民族的宝贵财富。家训在我国有着悠久的历史，肇始于孔子对儿子孔鲤"诗礼庭训"的佳话，南北朝以后，出现了大量的家训，蕴含了儒家"修齐治平"的理想抱负。家训对个人的品德修养和处世原则都具有积极作用，是我国传统家庭所坚守的无形的道德底线，也是中华优秀传统文化的重要组成部分。

【历史典故】

《诫伯禽书》　家训鼻祖

周公是我国西周初期伟大的政治家、军事家、思想家和教育家。儒家学派的奠基人。他非常注重对后辈的教育，他教育儿子伯禽的《诫伯禽书》是我国历史上第一部家训。

周成王亲政后，将周公的儿子伯禽封到鲁国做诸侯。临行前，周公对伯禽进行教导，周公从如何对待亲属、臣子，如何约束自己，进行全面的叮嘱和告诫，这段话就是后来的《诫伯禽书》。周公结合自己丰富的治国理政经验和人生阅历，对照伯禽的不足，进行有针对性的教导。一是希望伯禽礼贤下士，尊重人才，选贤任能，将鲁国治理好；二是希望培育伯禽的谦德，谦以待人，有为不争，不可骄傲自满，克服自己的缺点，用宽广的胸怀待人接物。

伯禽到了鲁国后，牢记周公教诲和嘱托，不负父亲的殷切期望，出色地完成了治理鲁国的重任，并在经济、政治、军事等方面都做出了卓越贡献。

【典故解读】

周公对伯禽语重心长的谆谆教诲，体现了周公做人做事的准则和对儿子的严格要求，堪称我国古代家训的经典之作，后世贤达之士都从中获得了许多启发。家训是先辈留给后人的智慧宝典，今天，我们要结合时代特征，坚持以社会主义核心价值观为引领，剔除封建陈腐思想，传承弘扬家训文化中的精华思想，不断提高个人的道德修养，建设幸福家庭，构建和谐社会。

【传承弘扬】

孔子教子　诗礼庭训

孔子是我国春秋时期伟大的教育家、思想家。他非常注重家庭教育，对儿子孔鲤的"诗礼庭训"教育，开创了我国历史上家训的先河，为后世家庭教育树立了典范。

有一天，孔子在家中庭院里静默沉思，孔鲤刚好从房中出来，见父亲正在思考问题，不便打扰，就轻手轻脚地从孔子身边走过。孔子突然回过神来，他叫了一声"孔鲤"，孔鲤低着头，恭恭敬敬地走到父亲跟前，垂手等待父亲训示。孔子问："你今天学习《诗》了吗?"孔鲤老老实实地回答说："没有。"孔子严肃地指出："不学《诗》，在社会交往中就不会讲话。"当时上层社会交往应答过程中，人们经常用赋诗来对答，比较含蓄、文雅地表达自己的意见，因此离开了诗就无法交流。孔鲤听后，就按照父亲的教导，刻苦学习《诗》。

过了几天后，孔鲤又在庭院中遇到了父亲。孔子又问："你今天学习《礼》了吗?"孔鲤羞愧地回答说："没有。"孔子又严肃地指出："不学《礼》，就不懂得怎样做人。"孔鲤又按照父亲的教导，刻苦学《礼》。在孔子的严格要求下，孔鲤学到了很多知识。从此以后，人们把父亲对儿子的教育就叫作"庭训"或"过庭语"。

孔子教育孔鲤，将做人与学习相结合，治学与修身相结合，努力学习当时的社会典章制度和伦理道德规范，为将来在学业和道德上有所建树，打下了坚实基础。这也成为我国古代家训的一大特色。

【学习践行】

好家训　传百年

岐山县蒲村镇蒲村位于周原故地，当地邢氏家族深受周礼文化熏陶，数百年来，逐渐形成了"懂大礼、勤耕作、和待人、善行事、知章法、听政令、孝宗长、亲幼下"的家规家训。数百年来，邢氏家族以家规家训为做人处世准则，培育出许多杰出人物，在当地群众中树起良好的口碑。

立规传训树家风

蒲村是蒲村镇政府所在地，村域内有卫生院、中小学、幼儿园、敬老院、供销社、信用社、农械厂、建筑公司等数十家单位。但最让村民骄傲的是，村上刚刚建起了一个村史馆。6月15日，记者来到村里采访，村支书邢宝恩和村主任邢东潮盛情邀请记者前往村史馆参观，他们说："村史馆里记录着邢氏家族的好家风！"

记者在村史馆里看到，蒲村由邢家、雒家、黄家街、张家庄四个自然村组成，村里原有八大姓氏，分别是邢、黄、徐、雒、高、马、谭、杨，如今，邢氏已占到全村2000余人口的45%，成为蒲村村里最大的家族。那么，"蒲村"这个村名与八大姓氏或邢氏家族有没有关系呢？村里的退休教师邢宗学告诉记者，蒲村村民是在明代由山西洪洞移居而来，初到此地，八大姓氏就为村子的命名起了争执，各家都想以自己的姓氏作为村子的名字。后来有人提议，这里长满蒲草，不妨定名蒲草村，各家纷纷同意。后来，蒲草村简化为蒲村，邢氏家族意识到，各家一村相处，相争相斗并不能解决问题，"以和为贵"才是消除矛盾的办法，这也间接促成了邢氏家族家风的形成。

据邢氏家族讲，他们的先祖是明代人邢士恭，此人非常注重家风的培养。他总结提炼了"懂大礼、勤耕作、和待人、善行事、知章法、听政令、孝宗长、亲幼下"的24字家规家训。在邢士恭的教导下，他的子孙后人多成为有出息的人，这24字家规家训也由此代代相传，一直至今。

为人处世不逾矩

为了让后代铭记先祖教诲，邢氏家族在村里修建了邢氏祠堂，并在每年春节举行盛大的祭祖仪式，让家训家规得以代代相传。邢氏祠堂位于村子中央，由上殿和前庭两部分组成，据记载，上殿建于清道光年间，前庭建于清咸丰年间。近30年来，祠堂经过大小数次修葺，虽然保留着旧的墙砖和门窗，但整体看上去十分美观协调。

邢氏家族每年春节是怎样祭拜先祖的？邢宗学向记者进行了简单描述。大年初一早上，家族中的男女老少齐聚在祠堂外，族长宣布祭祖仪式开始，族人按照辈分排队，穿过前庭，进入上殿，在主持人的引导下，向祖案行叩拜之礼。祭拜完祖先，族长要为大家简要总结去年家族发生的大事，点评各家在处理家务事和邻里关系中的问题和不足，并告诫族人为人处世不能超越家规家训。邢宗学表示，邢氏家族数百年来一直保持着这样的传统和习俗，就是希望通过这种神圣而严肃的方式，规范训导族人特别是小孩子的言行，教育他们不能做有辱家族、有悖家风的事情。

蒲村邢氏祠堂是岐山县保存最为完好的祠堂之一，每年春节在这里举行的祭祖仪式朴素而隆重，这项文化活动逐渐受到社会的关注，不仅有外镇外村邢氏后人前来祭祖，甚至北京的民俗学者都曾前来观摩，并称赞邢氏家族重视家风的培养，这24字家规家训充分体现出传统文化的核心内涵。

德学并重育子孙

"一等人忠臣孝子，两件事读书耕田。"邢氏家族历来重视耕读传家，自民国时期起，就在村里陆续建起了小学和中学。1965年，邢步广考入西北大学，成为邢氏家族第一位大学生，毕业后在事业上也取得了骄人的成绩。截至目前，邢氏家族已培养出了数十名大学生，其中，邢亚兰毕业于北京化工大学，并先后考入美国弗吉尼亚大学和哈佛大学攻读硕士、博士学位，现为美国威廉帕特森大学化学教授。邢宗学告诉记者，邢亚兰的父母均是普通工人，父亲邢一峰重视教育，他要求两个女儿先做人再做学问，姐妹俩后来都成为品学兼优的优秀人才。

在村史馆里，记者看到，两块光荣榜悬挂在醒目位置，上面记满了历年来村里走出的大学生，据邢宗学介绍，其中不少是邢氏家族的子女。其实，邢宗学本人也对教育颇为重视，他为女儿讲述家风故事，要求女儿严守家规家训，在搞好学习的同时更要做好人。女儿邢婷也不负厚望，考入西安电子科技大学读本科，又考入武汉大学读研究生，现在南昌大学任教。

邢宗学告诉记者，为了传承和延续好家风，邢氏家族教育子女以历史为荣，立志做一个德才兼备、对社会有贡献的人。近几十年来，邢氏家族没有一人干过违法乱纪的坏事，族人学历、收入和生活水平正逐年提高。邢宗学说："好家风在潜移默化中影响着我们，让我们感受到中华传统文化中的正能量。"

（祝嘉《宝鸡日报》）

第三章 职业道德

　　中华民族自古以来就以艰苦奋斗、勤劳创业而著称于世，敬业乐业、忠于职守是中华民族的传统职业道德。早在先秦时期我国就有完备的职业划分，《周礼·考工记》中记载了西周时期的许多行业，称之为"百工"，《管子·小匡》中提出："士农工商四民者，国之石（柱石）民也。"即知识分子、农民、手工业者和商人是国家的根本，士农工商相当于四种不同的职业。古代先贤们早已认识到职业道德规范对国家长治久安的重要意义，他们认为只要每个人都能各司其职、各尽其责，人民就能安其居、乐其业，社会就能稳定，天下就能大治。因此，太平盛世一个重要表现就是百业兴旺，百姓安居乐业。

职业是每个人安身立命、立足社会的重要保障，爱岗敬业是每个人应该承担的社会责任。古人讲："有事无业，事则不经"，即一个人有没有作为，不在于他在做什么，而在于能不能尽心尽力把事情做好。在从事职业的过程中，严格遵守相应的道德规范，职业就会升华为个人的大事业。在当今社会，简单地讲，职业道德就是人们在从事某一职业时，所遵守的道德准则、情操与品质的总和。每个行业的职业道德不尽相同，但却也有共同之处，古人将敬业乐业、忠于职守、买卖公平、童叟无欺、精益求精等作为不同行业共同的职业道德规范，本章所选的八种职业道德也是这样的。

政德是最早的职业道德之一，周人治理西岐和天下时，就为政以德，以民为本，勤政爱民、廉政为民，将西岐治理成为一片乐土，并开创了西周之初的太平盛世——成康之治。恪守职业道德是中华民族的优良传统，俗话说："三百六十行，行行出状元"，每行的状元不仅是行家里手，更是践行职业道德的模范。正是历代人民坚守敬业乐业的职业操守，因此才造就了博大精深、灿烂辉煌的中华文明。

《新时代公民道德建设实施纲要》提出："推动践行以爱岗敬业、诚实守信、办事公道、热情服务、奉献社会为主要内容的职业道德，鼓励人们在工作中做一个好建设者。"这为今天职业道德建设提出了新要求，把新时代职业道德要求与传承弘扬中华传统职业道德相结合，对推进社会主义经济建设和精神文明建设具有重要意义。

敬 业

《礼记·学记》提出了"敬业乐群"的思想理念，对后世产生了深远影响。敬业指的是一个人对自己所从事的工作认真负责的态度，以及对自己职业的基本尊敬，通俗地讲就是尽其职，负其责，乐其业。敬业是最普遍、最基本、最重要的职业道德规范，是职业道德的核心精神和基本原则，也是一种道德力量。它要求人们以恭敬严肃的态度对待自己的工作，在工作中认真负责、一心一意、任劳任怨、精益求精。当今社会，任何人无论从事哪一种职业，敬业都是其职业道德的第一要求。

【历史典故】

太史赴死 恪尽职守

齐国是姜太公的封国，是齐鲁文化的发祥地。齐太史是我国春秋时期齐国史官，主要负责国家的文书起草、记载史事，以及管理文献、典籍、历法、祭祀等事务。当时，齐国有太史伯、太史仲、太史叔、太史季兄弟四人担任齐国太史，他们都能忠于职守，坚持史官的信仰和原则。

有一年，齐国的大夫崔杼杀死了齐国国君齐庄公，齐国上下许多人畏惧崔杼的权势，敢怒不敢言。太史伯得知后，在史书上如实记载了崔杼杀齐庄公这件事，这样一来，这件事就会流传后世，崔杼会留下千秋骂名。因此，崔杼很生气，就杀了太史伯。老二太史仲并没有因为哥哥被杀害而吓倒，照样如实记载这件事，崔杼又杀了太史仲。老三太史叔依然没有因为两位哥哥被杀害而吓倒，还是坚持原则，如实记载这件事，崔杼一气之下把太史叔也杀了。崔杼对老四太史季说："你三个哥哥怎么死的？你都知道吧！咱们的国君是暴病而亡的，你知道在史书上该怎样写吧！"太史季不为所动，依然如实记载。崔杼大怒说："你难道不怕死吗？"太史季大义凛然地答道："史官的职责就是根据事实来记载，如果让我放弃原则苟且偷生，那还不如去死！"遇到这样敢于坚持原则、忠于职守的四兄弟，崔杼毫无办法，只好罢手。太史季刚离开，就在路上遇见了一位叫南史的史官，原来南史以为太史季被崔杼杀害了，准备前来如实记载这件事情。南史得知太史季已经完成了这件事，就放心返回。

民族英雄文天祥在《正气歌》里将"在齐太史简，在晋董狐笔"作为天地间正气的表现，热情洋溢地赞美他们。

【典故解读】

齐太史兄弟四人恪尽职守，视死如归，以死卫道，用鲜血和生命维护了史官的职责与人格尊严。敬业乐业、忠于职守既是中华民族的优良传统，又是中华传统美德之一。在当今社会，职业是个人生活幸福的基础，我们无论从事哪一行业，都要遵从敬业这一基本的职业道德规范，尽职尽责，干一行、爱一行，干好一行。这样才能把工作做好，事业才会兴旺，生活才会幸福。传承弘扬敬业精神，一是要有强烈的事业心和责任感；二是要有锲而不舍、精益求精的精神。

【传承弘扬】

鞠躬尽瘁　死而后已

诸葛亮，字孔明，号卧龙，三国时期担任蜀汉政权的丞相，我国杰出的政治家、军事家、发明家和文学家。

东汉末年，军阀混战，社会动荡不安，诸葛亮一家为了躲避战乱，在隆中（湖北省襄阳市）隐居。诸葛亮自幼胸怀大志，想干一番大事业。后来刘备三顾茅庐，请诸葛亮出山担任军师，并定下隆中对的发展方略。在诸葛亮的辅佐下，刘备终于建立了蜀汉政权，与孙吴政权、曹魏政权形成三足鼎立的局面。蜀汉政权建立不久后，刘备就在白帝城病逝了。他临终托孤，把蜀汉的大权交给诸葛亮，希望他尽心辅佐刘禅，实现自己统一天下、兴复汉室的愿望。

刘备去世后，刘禅即位，封诸葛亮为武乡侯，处理国家政务。诸葛亮先平定了西南地区孟获叛乱，稳定了大后方，然后再与东吴政权搞好外交关系，这样蜀汉政权很快巩固下来。诸葛亮认为北上讨伐曹魏的时机已经成熟，为了完成刘备的遗愿，他先后五次率领蜀军北伐，因为蜀国国力不足而没有成功。他起早贪黑，勤勉谨慎，赏罚分明，无论大小军政事务都要亲自处理。在最后一次北伐中，终因积劳成疾，在五丈原（今陕西省岐山县）病逝。正如唐代大诗人杜甫诗中所写的那样"出师未捷身先死，长使英雄泪满襟"。

诸葛亮还是廉洁奉公的典范，他虽然担任蜀汉丞相多年，但直到逝世时，家里只有800株桑树和15顷土地，子孙们自给自足，没有多余的财产。在他的影响下，在蜀国官员中兴起了一股清廉之风。

诸葛亮把自己的一生奉献给蜀汉政权，正应验了他在《出师表》中所讲的"鞠躬尽瘁，死而后已"的铮铮誓言。他是我国历史上贤相与智者的典范，勤政与廉政的楷模。

【学习践行】

敬业爱岗攀高峰　无私奉献除病痛

张绪仓，男，58岁，汉族，岐山县凤鸣镇刘家塬村人。大专学历，毕业于陕西中医学院，1983年参加工作。系中华中医药学会会员、陕西省皮肤病专业委员会宝鸡医学会皮肤分会委员。先后荣获岐山县"科技之星"、"岗位技术能手"、团省委"新长征突击手"、"宝鸡市第二届名中医"、"宝鸡市第七届劳动模范"称号。现任岐山县中医医院皮肤科主任、副主任医师，学科创始人和学术带头人。三十几年来，在"周礼之乡"这块沃土上，他不忘初心，辛勤耕耘，取得了可喜的成绩，也留下不少值得称颂的事迹。

不忘初心　锲而不舍

张绪仓自幼家境贫寒，体弱多病。上中学时因"鼻衄"不愈，服名老中医三帖中药而愈，始觉中医奥妙，立志学医。1980年沐浴着改革开放的春风，考入宝鸡中医学校中医专业学习。1983年以优异的成绩毕业后，分配到岐山县中医医院工作，有幸师从西岐王氏济世堂第二代传人王校及名老中医苏文海研习中医全科医学。在医学领域，自古就有"外不治癣、内不治喘"的明训。也许是命运的安排，他工作不久，却单单选择了皮肤科这块别人不愿开垦的"荒地"，便一头扑了进去。先后研读了涉及皮肤外科经典著作和现代皮肤科理论。春去秋来，光读书笔记就有30多万字。从而打下了坚实的皮肤科基础。由于理论基础雄厚，加之医疗技术精湛，门诊患者由最初的每天几人次增加到现在的几十人次，科室效益大幅提高。近十年来科室的专业技术水平和能力迈上了新的台阶，年门诊量近万人。先后为岐山及毗邻县区数十万皮肤性病患者解除了痛痒的折磨，赢得了群众的普遍赞誉和好评。

精勤不倦　恪守奋勉

市场经济的大浪潮和紧张的医患关系，不时撞击着医院这块"清净"之地。不少同行追逐时尚"下海""跳槽""转行"了，打起了"小算盘"。张绪仓同志却在平凡的本职岗位上，耐得寂寞，兢兢业业，一丝不苟。他不会"垒长城""挖坑"，不进娱乐场所；有人高薪聘请开业行医，有人要与他联合办诊所，都被他婉言谢绝了。有人戏称他"不识时务"，他却说"医为仁道，非仁莫为，非义不取。拜金主义有损白衣天使的光辉形象"，以实际行动谱写了一曲廉洁行医的时代乐章。他以"恪守奋勉"作为座右铭，于衣于食，不求肥甘，随遇而安，自甘淡泊，并非自命清高，是志在学问。群众称赞说，"现在像张绪仓这样的医生太少了。"患者送来锦旗"杏林一枝秀，医风千里传"赞誉他。

任劳任怨　默默奉献

生活并非风平浪静。张绪仓同志作为医生、丈夫、父亲，饱受了人生旅途上的风风雨雨、沟沟坎坎：4位亲人几番患病、相继谢世；夫妻一度两地分居，孩子也无人照料。他没有被生活的重担压倒，挺过来了，从来没有影响医院科室的正常工作。1992年5月，省级科研项目研究到了申报资料关键阶段，时间紧、任务重、工作量大。他白天上班，下班后还要照顾孩子和年迈的父亲。晚上待孩子安睡后，不得不加班赶写材料，一连七天熬到夜深人静。申报资料总算填好，他却累倒了，连夜输液。第二天病情缓解后，赶紧把材料送到西安，那是最后一天期限。这件事他至今没有向同事及院领导们透露过。

创新驱动　科技领先

张绪仓同志以"精诚、和谐、创新、奉献"八字院训为准则，不断完善自我，凸显价值。除常见多发性皮肤病诊治外，积极探索疑难病的治疗。2012年4月，有一王姓患者以"全身红斑、瘙痒、发热6天"之主诉收住。患者高烧、全身皮肤弥漫性红斑，皮肤肿胀，剧烈瘙痒。右前臂人工关节，右下肢高位截肢。入院诊断：药物超敏反应综合征；高血压病；丙肝。"药物超敏反应"属皮肤科急危重症，病情凶险，死亡率极高。患者家境特殊，医院条件受限，又无法转至上级医院。张绪仓同志顶着各方的压力，守护在患者身旁，采用中西结合疗法，使病人渡过了危险的"三期"，救治获得成功。为皮肤科在现有条件下治疗疑难病，积累了经验。他时刻关注学科前沿，引领学术发展。先后引进了伍德氏灯、高频电子治疗仪、高能窄谱红蓝光治疗仪、全舱紫光治疗仪，成为皮肤科诊疗新的亮点。先后在专业刊物发表学术论文20余篇，参编中医专著2部，获宝鸡市科技进步奖2项、县级科技进步奖6项。目前，他所带领的皮肤科团队，已经批准为省级农村中医特色专科，连年被评为先进科室，他个人被评为优秀科主任。

宝剑锋从磨砺出，梅花香自苦寒来。张绪仓同志从医30多年来，始终以大医精诚的境界服务群众，心系患者，解除患者的病痛、保障群众健康作为永恒的追求目标。他正带领着团队比学赶超，为建设富裕、开放、美丽、和谐岐山而努力奋斗。

（岐山县卫生健康局）

奉　献

"春蚕到死丝方尽，蜡炬成灰泪始干。"人们总是喜欢用这两句诗赞美无私奉献的人。奉献是指把实物或意见等恭敬庄严地交付、呈献给集体或个人，不求回报。在今天，奉献主要是针对集体和国家而言的，它既是一种职业道德，又是一种社会公德。人民教育家陶行知有句名言："捧着一颗心来，不带半棵草去。"奉献是一种为了事业，勇于担当、不求回报、甘于牺牲的精神力量。甘于奉献的人是无畏、无私、无悔的，必然拥有大仁、大勇、大爱的崇高品质。

【历史典故】

舍子救嗣　为国为民

召穆公，姬姓，名虎，后世又称召公虎、召伯虎。他是周初开国元勋召公奭的后世子孙，西周厉王、宣王时期杰出的政治家。

周厉王是西周历史上有名的暴君，他实行"专利"政策，百姓缴纳重税后，才可以到国都周边的山上和湖边打柴、狩猎、捕鱼。国都周围的百姓在当时有一定的政治地位，被称为"国人"。他们对"专利"政策强烈不满，议论纷纷。召穆公进谏说："百姓已经无法忍受贪暴的政令了！"厉王不听，反而下令严禁百姓议论。召穆公感叹说："防民之口，甚于防川。"意思是堵住百姓的嘴，不让他们说话，这比堵塞河流还要可怕！

果然，过了不久，国人们忍无可忍，发动了"国人暴动"。他们联合起来，冲进王宫找厉王算账，厉王见国人们势不可当，就狼狈逃出王宫。国人们找不到周厉王，就要抓太子静，但太子已逃到召穆公家中，于是他们把召穆公家围了个水泄不通。召穆公威望较高，国人们没有冲进去，要求交出太子，让大家审讯。召穆公知道送出太子是死路一条，为了江山社稷，为了国家利益，召穆公忍痛让自己儿子换上太子的衣服，然后送出去交给国人，结果被愤怒的国人们痛打致死。

国人暴动平息后，国家不可一日无君，大家推举仁义贤德的召穆公与共伯和共同治理国家。后来，太子静长大成人，在召穆公与共伯和的支持下继承王位，他就是周宣王，并在大臣们精心辅佐下，开创了"宣王中兴"的局面。

【典故解读】

召穆公为了国家利益，顾全大局，忍痛牺牲了自己的儿子救了周宣王。他这种牺牲亲人、维护国家利益的精神，就是一种奉献精神，被后人传为美谈。在今天，奉献作为一种职业道德，就是把自己的本职工作当成一项事业来热爱、来完成，忠于职守、勇于担当，努力干好每一项工作，做好每一件事情，在点点滴滴中感受工作的乐趣。

【传承弘扬】

投笔从戎　报效国家

班超是我国东汉时期著名的政治家、军事家和外交家，他是史学家班彪的小儿子，哥哥班固、妹妹班昭也是我国历史上著名的史学家。

班超家境虽然比较贫寒，但他孝顺父母，胸怀大志，青年时靠替官府抄写文书来维持生活。有一次，他在为官府抄写文书，突然扔下笔感叹说："大丈夫应该报效国家，像张骞那样远赴边疆建功立业，封侯晋爵，整天依靠笔墨维持生活，会有什么出息呢？"于是，他便投笔从戎，毅然参军报效国家。

公元前60年，西汉政府在西域（今新疆大部分和中亚一部分地区）设立西域都护，西域正式成为我国领土的一部分。两汉之际，社会动荡，西域脱离了中央政府的管辖，被北匈奴所控制，对西北地区造成很大威胁。东汉明帝时，班超奉命出使西域鄯善国，恰好匈奴使者100多人也出使鄯善国，班超觉察后说："不入虎穴，焉得虎子。"他凭着智慧和勇敢，率36人乘夜用火进攻，斩杀匈奴100多人，西域各国震动。班超不仅在西域建立了很高的威信，而且还配合汉朝军队，组织西域各国将匈奴势力赶出西域，使西域重新回归汉朝，稳定了西部边疆。

班超功勋卓著，被封为定远侯，为国家镇守西域31年，直到70岁时才回到汉朝，一年后就去世了。班超去世后，继任者威望与能力不足，西域发生叛乱，汉朝再次丧失了对西域的控制。后来，班超的儿子班勇继承父志，果然虎父无犬子，班勇很快平定了叛乱，使西域重新回归汉朝。

班超父子以非凡的政治智慧、杰出的军事才干、卓越的外交手腕，使西域两次重归汉朝。他们背井离乡，镇守西域数十年，为国家奉献了自己的一生。他们不但维护了西北边疆地区的安全，而且加强了与西域地区各民族的联系，为我国统一多民族国家的形成，以及疆域的巩固做出了不可磨灭的贡献。

【学习践行】

忠于职守　乐于奉献

胡兵强，男，生于1979年，大学本科学历，中共党员，讲师，兼职党校会计。在工作中他以共产党员的标准严格要求自己，认真履行党员义务，吃苦在前，享受在后，积极践行全心全意为人民服务的宗旨，在群众中树立了良好形象。

加压奋进　提升修养

一个单位的会计是事关本单位财经不出问题的关键所在。会计工作不仅是一项复杂的管理工作，更是一项严肃的政治工作，没有较高的文化素质和思想修养是不可能做好的。胡兵强也深深地认识到，只有牢固树立终身学习的理念，坚持与时俱进，不断提高自身文化素质和政治修养，才能适应新形势、新问题、新环境，才能把会计工作做得更好。他在认真参加政治理论学习的同时，自我加压，积极进取，还系统学习了《会计法》《财政部门实施会计监督办法》《代理记账管理办法》《会计从业资格管理办法》《行政处罚法》《会计基础工作规范》《会计档案管理办法》《会计电算化管理办法》等与会计工作有关的法律法规，利用班外休息时间，认真学习各种知识，进一步提高个人工作能力和水平。他坚持理论联系实际的马克思主义学风，善于把学习成果转化为促进工作的动力，结合单位实际，总结摸索出了一套务实、高效、优质的管理方法，增强了指导工作和解决实际问题的能力，为各项工作的圆满完成打下了坚实基础。

乐于奉献　热爱事业

干一行，爱一行，专一行。有人认为，财会工作枯燥乏味，整天和一把算盘、十个数码打交道。但他却舍小家顾大家，总是把工作放在第一位，时时刻刻，事事处处都在考虑怎么把工作做得更好，以单位为家，以工作为重，胸怀强烈的责任感和使命感，带头严格执行会计制度，保质保量地完成了上级交办的工作任务及其他各项日常事务，从未贻误工作。在日常生活中，坚持每天早晨提前半个多小时上班，打扫卫生，不放过一个卫生死角。在工作中，他数十年如一日，那一张张会计凭证、一项项规章制度，无不饱含着他的汗水；资金清算工作、账务集中工作从起步到成熟，无不倾注着他的热情。有时遇到电脑故障，他为了不影响正常工作，耽误时间，自己亲自修理，为单位工作正常开展提供了有力保证。

金融会计日新月异，它的发展变化一直走在会计领域的前列；同时，它又是一项细致严密的工作，一丝闪失就可能造成资金上的重大损失。自胡兵强负责会计工作以来，都能出色完成所担负的工作任务，做到账务规范、不出纰漏、无差错。这基于他认真勤奋的工作态度，也基于他过硬的业务素质。他经常主动承担繁重的任务，早来晚走，牺牲自己宝贵的时间。并主动帮助其他同志做自己力所能及的事情，完成不属于自己的任务，眼里心里始终装着集体，装着工作。有时候工作忙起来甚至顾不上吃饭，顾不上照顾孩子。私下说起来的时候，他也感觉非常内疚，没有尽好做儿子、做丈夫、做父亲的责任。胡兵强有非常强的集体荣誉感，经常提出新思路、新想法，并和同事们一起探讨，拿出最合适的方法解决眼前问题。充分发挥党员先锋模范带头作用，真正做到了群众满意、领导放心、同志认可。

以身作则　树立形象

胡兵强牢记为人民服务的宗旨，坚持把实现人民群众的根本利益作为一切工作的出发点和归宿点，认真完成各项工作任务。他为人正直，立场坚定，顾全大局。一方面，认真维护与领导、同志们之间的团结，强化大局观念和一盘棋思想，大事讲原则，小事讲风格，学人之长，容人之短，谅人之难，互相补台不拆台，互相帮忙不添乱，不利于团结的话不说，不利于团结的事不做。另一方面，认真加强同各室和同事的团结，无论是节假日值班，还是接待离退休老领导、老干部，他都坚持做到态度和蔼，主动热情，拉家常，聊工作，坚决杜绝"一张冷面孔"。对同事要自己办的事，只要是原则范围内的，不做样子，不耍滑头，不出难题。

胡兵强在平凡的工作岗位上以自己的实际行动，书写着一名共产党员的坦荡人生。他吃苦在前，知难而进，勇于负责，为我校的精神文明做出了积极的贡献，谱写了一曲不平凡的党校人之歌。

（岐山县委党校）

公　正

《吕氏春秋·大乐》中讲："平出于公，公出于道。"阐明了公平、公正与道义之间的关系。公正是一个内涵和意义比较广泛的词语，在社会学中，指的是社会公平正义；在伦理道德中，指的是公平正直，没有偏私；在职业道德中，指的是为人正派，处事公道。在我国古代社会，公正不但是道德修养和传统美德之一，而且还是一种维护正义的道德力量，尤其是司法官员的一种基本要求和政治素养。在现代社会不同职业中，公正既是一种职业道德，又是一种评判是非曲直的价值标准。

【历史典故】

祁奚举贤　公正无私

晋国是周成王之弟唐叔虞的封国，在春秋时期是一个大国，晋国有位名臣叫祁奚，字黄羊，所以又称祁黄羊。他公忠体国，大公无私，处事公正，誉满朝野，深受晋国上下爱戴。

祁黄羊在晋悼公时担任中军尉一职，他感到自己年老体衰，想辞去这一职务。晋悼公问祁黄羊："谁接您的班担任这一职务比较合适？"祁黄羊回答说："我觉得解狐是个不错的人选。"晋平公大吃一惊，说："解狐不是您的仇人吗？您怎么会推荐他呢？"祁黄羊从容地答道："您只是问我什么人适合担任军尉一职，又没问谁是我的仇人啊！"晋平公认为祁黄羊公正无私，说得很对，就准备派解狐上任。

解狐还没有上任就病逝了，晋悼公又问祁黄羊："现在解狐病逝了，您看还有谁适合担任这一职务？"祁黄羊回答说："祁午能够胜任。"晋平公很惊讶地问道："祁午不是您的儿子吗？难道您不怕别人说闲话，有损您的声誉吗？"祁黄羊坦然地说："祁午的确是我的儿子，可是您问的是谁能胜任这一职务，并没有问谁是我的儿子呀！"正当此时，祁奚的副手羊舌职也病逝了。晋悼公又问："谁适合接任羊舌职的职位？"祁奚答道："羊舌职的儿子羊舌赤适合接任。"晋平公觉得很有道理，于是就派祁午担任中军尉，羊舌赤担任副手。后来，祁午和羊舌赤互相配合，尽职尽责，都能够胜任这一职务。这就是"祁黄羊外举不避仇，内举不避亲"的典故。

孔子听说这件事后称赞说："好极了！祁黄羊推荐人才，对别人不计较私人仇怨，对自己不排斥亲生儿子，真是大公无私啊！"

【典故解读】

祁黄羊为人正直，处事公正，公私分明，不计私仇，以国家利益为重，外举不避仇、内举不避亲，唯贤是举的崇高品德传为千古美谈，为后世树立了一座丰碑。在今天，我们无论从事哪一行业，无论手中的权力大与小，都要从公心出发，以国家和集体利益为重，不为个人的利益、情感和社会关系等因素所左右，坚持公平、公正、公道等原则，处理日常工作中的大小事务。

【传承弘扬】

董宣执法　公正不阿

董宣是我国东汉光武帝刘秀时期的官员，他为官刚正廉洁、公正执法、不畏强权，被称为"卧虎""强项令"。

洛阳是东汉的都城，豪强贵族都居住在这里。董宣任洛阳令时，不畏权贵，严厉惩治豪强地主，民间传颂说"董宣衙前无人击鼓鸣冤"。有一次，光武帝的姐姐湖阳公主的家奴依仗权势，光天化日之下在洛阳杀了人，躲进公主府，办案公差不敢进公主府抓人。董宣得知后，派公差盯在公主府外。因为有湖阳公主的庇护，这名家奴胆大包天，一次公主外出时，他竟大摇大摆地跟随公主车驾出了公主府。公主府外公差立即报告给董宣，董宣带领公差拦住公主车驾，大声斥责湖阳公主不遵国法，藏匿罪犯，并按照当时的法律，当着湖阳公主的面将这名犯法的家奴处死。

湖阳公主颜面尽失，恼羞成怒，立即进宫向弟弟光武帝告状，光武帝听后勃然大怒，将董宣召进宫后，命令侍卫立即处死董宣。董宣大声道："陛下您圣明无比，使大汉天下得以中兴，现在公主纵容家奴犯法，陛下不仅不予惩治，反而要处死执法官，以后如何治理天下？如何使百姓信服呢？不用您来杀我，请准我自杀吧！"说完向柱子撞去，顿时撞得血流满面。光武帝见状赶忙让侍卫拦住了董宣，并让董宣给湖阳公主叩头认错。董宣就是不愿叩头认错，侍卫强按着让董宣低头，董宣两只手支在地上，始终不肯低头。湖阳公主见状对光武帝说："你当老百姓的时候，保护逃亡的人，官吏不敢进门抓人。现在当了皇帝，还制服不了一个小小的地方官吗？"光武帝笑着说："做皇帝和当老百姓可不一样啊！"于是赐董宣为"强项令"，赏钱三万，董宣把赏赐的钱全部分给了办事公差。洛阳豪强听说后无不胆战心惊，都称董宣为"卧虎"。

董宣一身浩然正气、刚直不阿、大义凛然、公正执法，赢得了光武帝的尊重，更重要的是维护了法律的威严及社会的公平正义。

【学习践行】

做安监工作的忠诚卫士

杨凤玲，女，本科学历，中共党员，1993年3月参加工作，2008年6月调县安监局工作，先后在局办公室、危化股、综合股工作，现任局综合股股长。多年来，以过硬的业务本领，果敢自强的处事魄力，严谨求真的工作态度，勤勉敬业的工作精神，为安监监察工作树立了榜样，做出了贡献。先后获得优秀共产党员、敬业爱岗模范、市县安全生产工作先进个人及优秀党务工作者荣誉称号。

公正执法　牢记使命

2010年以来，正值全县经济社会发展转型期，企业的"大干快上"造成了事故频发，各类安全隐患随处可见的严峻局面。杨凤玲牢记安监人员的使命，经常对同事们说"干咱们这行，就像在地雷上跳舞，而且还要跳得舞姿优美，一年到头从来没有放松的时候。安全工作要肯干，要会干，要小事当作大事干，要没事都要找事干，这样才能把工作做好，我们宁愿听骂声，也不要听哭声!"她是这么说的，也是这么做的。她每天奔波在安全生产执法第一线，不放过一点蛛丝马迹，成功地预见和消除了一批安全隐患，并避免了多起伤亡事故的发生。安全监察执法经历老百姓从不理解、反感，到欣然接受，并主动要求执法人员检查的过程。这个过程看似简单，但却是一个不平凡的过程，是杨凤玲和她的执法搭档一步一个脚印干出来的。

管安全必管隐患，抓工作先抓突破口，她把消除事故隐患，维护社会稳定当作一名安全生产监督人员的第一要务，她铁面无私的工作态度和工作作风，极大地提高了安监局执法的权威性和有效性。2012年2月29日，杨凤玲和执法搭档雷宏新在开展危化品领域安全生产日常监管执法检查时，发现岐山县迈特钛业有限责任公司在蔡家坡开发区河堤，擅自开工建设年产500吨高纯海绵钛粉建设项目，未按照《危险化学品建设项目安全许可实施办法》《陕西省建设项目安全设施监督管理办法》履行建设项目安全设施"三同时"审查程序。他们立即赶赴企业，做耐心细致的安全教育和形势分析工作，企业法人曹福劳深有感触地说道："这次执法让我们消除了多处安全隐患，从内心来说，我很感谢安监干部。我本人对于安监执法，最开始是非常抵触的，我觉得是给我找事、添麻烦，我对县域经济发展贡献这么大，这几年从来没有哪个部门这么苛刻要求过，部门包括银行对企业发展是坚决支持的，而这次的行政执法，我从被迫接受到虚心采纳，这两名安监战线上的好干部对工作的忠诚和敬业精神及良好服务态度深深地感动了我，企业安全生产工作我会真正的放在心上，一定会做得更严更细更好。最后是真诚欢迎县安监局的执法同志来我们厂指导检查安全工作。"该企业通过安监人员的正确引导，积极接受安全监管，依照法律法规要求，及时补办了安全设施"三同时"审查手续，确保了企业生产安全。

2014年8月5日，据群众反映和网络媒体显示，我县蔡家坡镇五丈原、曹家社区，眉麟路祝家庄镇曹家沟路段及水泵厂东厂区，马王停车场等有关地区和单位非法违法成品油经营猖獗，有的属于打击取缔后死灰复燃窝点，非法违法行为十分嚣张，严重干扰成品油市场经营秩序，对周边群众生产生活造成极大威胁，随时可能酿成重大事故。杨凤玲知道后，和执法人员冒着酷暑立即赶赴一经营点，在基本查明情况的基础上，经过一系列的耐心教育和执法措施，非法经营点所存储的非法油品全部清除，非法加油设施全部停用，安全隐患得到彻底治理，她悬着的一颗心才算放了下来。

急难险重，次次到位。在工作中，她从不把自己当作女同志，在领导心目中，她顶得上一个男同志，也胜过一些男同志，她就是这样一个人，哪里有隐患哪里就有她的身影；哪里有险情哪里就有她的脚印。面对遇难者，她流下自责的泪水；面对违法者，她爆发出愤怒的咆哮；面对求情者，她铁面无私不留情面。她治理过的安全隐患和查处的非法违法生产经营案件不胜枚举，她是人民生命财产安全的忠诚卫士，也是全县安监战线上小有名气的内行型管理者。

爱岗敬业　遵章守纪

勤勉敬业是对一名基层干部的起码要求，身为党的干部，杨凤玲始终坚持廉洁自律，依法办事。常在河边走，就是不湿鞋。自参加工作以来，她自觉接受党组织、党员和群众的监督，坚决同腐败现象做斗争。她以身作则的严谨作风影响着周围同志，自己家属及身边工作人员未发生违纪违法问题，她更是严格遵守"八项规定"，从没有在受检单位吃过一顿饭。她经常对同事说："干执法的人一定要严格自律，拿了企业的钱和物，你就会丧失人格，就会腰不直，手不硬。只有抵住了金钱的诱惑，才能堂堂正正做人，清清白白干事，让那些违法者无机可乘。"她始终牢记安全监察人员的职责，坚持依法行政、坚持原则、秉公办事，身体力行，做规范执法的"文明人"和知耻明荣、廉洁自律的"形象人"。在曾经具体负责监管的危化品烟花爆竹领域的执法方面，没有办过一起因证据不足或者适用法律法规不准确的错案，没有一起执法因自身的不文明言行而引起矛盾激化或不稳定。敢于碰硬，不搞"关系执法""人情执法""态度执法"，体现了一名安监人员应有的职业操守。自从任综合股股长以来，她肩上的担子更重了，安委办的工作头绪多、责任重、压力大、材料多。牢固树立"爱岗敬业、勤奋工作、乐于奉献、积极创新、务实争先"的工作理念，本着抓"安全工作无小事"和"百密而无一疏"的工作原则，以严谨细致的工作作风抓好各镇和职能监管部门之间业务衔接和协调，体现出较高服务水平。在局领导班子的带领和全局机关干部的共同努力下，我县安全生产工作连年获得全市年度考核优秀单位，县安监局被表彰为市级安全生产工作先进单位、县综合治理工作先进单位。在日常工作中，她注重发挥综合股的服务、参谋和助手作用以及作为局机关主要窗口的形象作用，积极主动搞好与各股室间协作配合和团结共事，倡导机关正风正气。作为综合股股长，处处以大局和机关利益为先，注重细节管理，坚持开源节流，从自身做起，以诚为本，与人为善，真心实意对待同事，尊重领导。坚持表里如一，言行一致，对组织和领导忠诚，对同事坦诚相待，共事共心。同时以廉为本，胸怀坦荡守操行，严格遵守各项廉政规定和省局"六条禁令"，强化廉洁奉公意识，始终保持良好自身形象，共树团结、和谐、积极向上的局机关形象。

作为一名基层安监干部，杨凤玲深知安全生产工作对于企业的重要意义，她常说："安全是每一名员工的生命健康，安全是企业追求的最大效益，安全更是企业未来的长足发展。安全生产工作任重道远，定要坚持不懈地常抓下去，做到把企业当成自己的家，把员工当成自己的家人，把安全生产工作当作自己家里的事儿，就不会觉得累、觉得苦！"她以认真务实的工作作风发挥着共产党员的先锋模范作用，以实际行动践行着安全生产管理的重大职责，以饱满的工作热情和忘我的工作精神，立足岗位率先垂范，在平凡的岗位上，做出了不平凡的成绩，得到了领导同事和企业员工的一致认可。她是岐山人民的忠诚安监卫士，她用辛勤的汗水和绵薄之力保卫了一方平安！

（岐山县安全生产监督管理局）

廉　洁

北宋名臣包拯云："廉者，民之表也；贪者，民之贼也。"廉就是清廉，不贪取不应得的财物；洁就是高洁，立身清白、光明磊落。古人云："不受曰廉，不污曰洁。"通俗地讲廉洁就是公职人员不接受他人馈赠的钱财礼物，不让自己清白的人品受到玷污。从狭义上讲，廉洁是一种政德，是从政者最基本的道德规范，它要求为官者必须以国家利益为重，以民为本、公正无私、廉洁奉公、忠于职守、勇于担当、甘于奉献、有所作为；从广义上讲，廉洁是最基本的职业道德规范，它要求每位从业者以国家和集体利益为重，尽职尽责，不损公肥私、尸位素餐、玩忽职守、无所作为。我国是世界上最早提出廉政思想的国家，早在西周时期，就提出考核官吏的六个标准：廉善、廉能、廉敬、廉正、廉法、廉辨，称之为"六廉"。廉洁还是我国古代传统道德规范中的"四维"（礼、义、廉、耻）之一。

【历史典故】

甘棠遗爱　廉政始祖

召公奭是我国西周初期杰出的政治家，他位居三公，先后辅佐"文、武、成、康"四代君主，被后世誉为"廉政始祖""司法鼻祖"和"旷代辅弼"。他是我国历史上最具有代表性的廉政典范之一。

周成王时，身边有两个王室重臣，一个是周公，一个是召公。为了发挥两人特长，更好地治理国家，成王以陕县（今河南省三门峡市陕州区）为界，命周公驻在洛邑（今河南省洛阳市），治理东方国土；命召公驻在镐京（今陕西省西安市），治理西方国土。

召公在治理西方国土期间，勤于政务，经常在乡间视察民情。百姓之间、百姓和官员之间、官员之间有了矛盾冲突，就去召公那里告状。召公为了不打扰百姓，就常常在野外露宿。有人来告状，召公就在召地（今陕西省岐山县召亭村）的一棵甘棠树下办公。召公公正无私，每一件案子都会作出合情合理的判决，既不冤枉一个好人，也不放过一个坏人，使各级贵族官员和平民百姓得到信服。百姓们看到召公廉洁奉公，为民办事，从不扰民，感激和崇敬之情在心中油然而生。

召公逝世后，人民把对召公的怀念、爱戴和拥护之情都寄托在这棵甘棠树上，他们看到这棵甘棠树就仿佛看到了风尘仆仆、廉洁奉公、一心为民的召公一样。人们写了一首诗，叫《甘棠》，诗中对召公表达了无限的怀念之情。

> 蔽芾甘棠，勿翦勿伐，召伯所茇。
>
> 蔽芾甘棠，勿翦勿败，召伯所憩。
>
> 蔽芾甘棠，勿翦勿拜，召伯所说。

这首诗的意思是：枝繁叶茂的甘棠树啊，不要去剪削、不要去砍伐它，召伯曾在树下搭棚居住过；枝繁叶茂的甘棠树啊，不要去剪削、不要去折毁它，召伯曾在树下逗留休息过；枝繁叶茂的甘棠树啊，不要去剪削、不要去攀爬它，召伯曾在树下停车歇息过。

百姓不允许任何人砍伐这棵甘棠树，把它视作召公勤政俭朴、关心百姓疾苦、伸张正义的象征。这棵甘棠树寄托着人民对召公深深的怀念和无比的尊敬。后世赞颂召公甘棠遗爱的诗篇很多，其中，民国时期岐山人薛成兑的《召伯甘棠》诗最能表达岐山人民的心声，其诗曰：

> 蔽芾诗章留古今，召公仁政得民心。
>
> 甘棠剪伐犹知护，足见当年遗爱深。

【典故解读】

"甘棠遗爱"的千秋佳话，表达了人民对以召公为代表的廉洁奉公、正直无私、一心为民的清官廉吏的崇敬、爱戴和思念之情。"公生明，廉生威。"古往今来，在我国历史上，凡是扑下身子，为人民办实事、办好事的人，人民永远不会忘记，如甘于清贫的张汤、清正廉明的包拯、刚直无私的海瑞、两袖清风的于谦等等。廉洁这一传统道德规范具有超越时代的永恒价值，在今天，需要每一位从业者堂堂正正做人、清清白白做事，共同促进社会文明进步，更需要每一位党员干部廉洁自律、忠于职守、勇于担当、甘于奉献，沉下身子，深入基层，扎扎实实为人民群众办实事、办好事、解难事，共同推动国家的繁荣昌盛。

【传承弘扬】

包公为官　清正廉明

包拯是我国北宋时期杰出的政治家和历史名臣，他是一位家喻户晓、妇孺皆知的清官。他为官清正廉洁、刚正不阿、铁面无私、不畏权贵、敢于替百姓伸张正义，老百姓称他为"包青天""包公"。他曾任职天章阁待制、龙图阁直学士，谥号"孝肃"，所以又称"包待制""包龙图""包孝肃"，成为清正廉明的象征。

包拯非常孝顺，考中进士后，由于父母年纪大了，就请求在家乡附近任职。后来，干脆辞去官职，回家奉养父母。父母去世后，他又为父母守孝多年，在家乡父老的劝说下才肯出来任职。

端州盛产砚台，闻名全国，每年都要向朝廷进贡，当地官员借机大肆搜刮，拿去贿赂朝中权贵，为自己升官发财铺路，当地百姓苦不堪言。包拯在端州担任知州后，严厉打击这种不正之风，按朝廷规定如实上贡，大大减轻了人民负担，深得人民拥护和爱戴。他在端州任职三年期间，没有给自己拿过一方端砚。

包拯担任开封府知府后，整肃吏治，执法如山，加强了对贪官污吏的惩治，谁来说情都不行。当时，京城权贵官僚仗势侵占河岸土地，修建私人花园，导致河道淤塞，河水泛滥，危害两岸百姓，包拯下令将这些花园全部拆除，权贵们将包拯视为掌管阴曹地府的阎罗王，当时流传

"关节不到，有阎罗包老"。百姓亲切地称他"包青天"。

包拯虽然官居高位，但衣食非常朴素，为了防止被亲戚利用，他甚至与亲戚断绝来往。他去世前留下遗训："后世子孙如果有贪赃枉法的，活着的时候不能回老家，去世以后，不能安葬在祖坟里，如果违背我的意愿，就不是我的子孙。"

在后世，包拯成为我国历史上清官的典范和公正的象征，被神化为日审阳、夜断阴，公正无私、伸张正义的阳间法官和阴间阎罗。这一现象反映了我国古代社会下层人民对于清官廉吏的企盼和渴望，对贪官污吏的憎恨与无奈，以及对公平正义的无限向往。清官廉吏备受百姓推崇并不是一个好的现象，这恰恰反映了贪污腐败现象横行，这正是古代社会的可悲之处。这也说明反腐倡廉不能寄希望于某个清官廉吏，而是要靠科学、合理的制度。

【学习践行】

履职担当做百姓舌尖的守护神

2014年2月，因工作需要，张军仓调往岐山县蔡家坡镇食品药品监督管理所担任所长，在基层一线的执法岗位上，他求真务实，勤奋工作，以饱满的工作热情、扎实的作风和可喜的工作成绩，赢得了领导和同志们的一致好评。

廉洁勤政 带好队伍

基层所长处在兵头将尾的位置，当好排头兵，做好表率，才能带好队伍。在工作中，张军仓自省自警，认真开展自我批评，主动查找自身问题，严格约束自身行为，严格执行执法人员"十条禁令"等廉政要求，严格遵守管理制度，从不利用职务便利为个人谋取任何好处，起到了廉洁执法的表率作用。要求别人不做的，自己首先不做，要求别人做到的，自己首先做到。同时将廉政建设贯穿于所内日常工作之中，要求"向我看齐"，严格规范所里干部的言行，始终将监管工作同党群关系、政府形象、群众利益联系起来，按照廉洁准则的有关规定，坚决杜绝利用案、费、证，吃、拿、卡、要以权谋私，自觉接受群众监督，求真务实，踏实工作，一年多来全所未发生不廉洁问题。

执法为民　服务基层

镇食药监管所处在基层一线，直接与监管对象和广大群众打交道，作为一名一线执法人员，张军仓将"执法为民"理念贯穿于工作之中，与服务监管有机地结合，畅通了服务渠道，保证了监管效果。一是积极受理行政许可。蔡家坡镇距县城17公里，去县局办证费时费事，有些村甚至得花费一天多时间。为了解决这一问题，他决定在镇所设立许可受理窗口，直接受理食品生产、餐饮、流通许可申请，将许可办理前移，方便群众办事。这一措施实施后，使原来平均5天的许可办理期限缩短为1天。二是增加健康体检医院，除陕九医院外，还增加了西机医院、宝鸡蔡家坡医院、陕汽医院，方便食品药品从业人员体检。三是热情送法下乡，服务基层。为了尽快普及《食品安全法》，他带领全所同志，深入学校、工厂企业和超市商店、餐饮服务单位，宣传讲解法律法规。两年多来，他负责参与法律法规讲座12场次80学时，培训食品药品从业人员1300多人、学生3200人，结合3·15和《食品安全法》宣传周活动，向广大消费者宣传食品安全法规，帮助群众树立安全科学消费理念。蔡家坡高级中学就餐师生3000多人，是监管的重要风险点，为了确保该校的食品安全，他先后多次深入该校。通过集中培训、分散讲解等形式向管理老师、餐饮服务人员宣讲食品安全法规，向学生讲解伪劣食品识别办法，提高自我防范意识。定期去食堂检查，防止劣质食品流入校园，使该校的食品安全监管上了一个新台阶。四是认真受理处理群众的食品药品投诉。在投诉处理上，坚持"先赔付后处理"的原则，即根据投诉的调查事实，先对消费者损失做出赔偿，再对当事人违法行为做出处理，将群众利益放在首位。陕九退休职工许惠仙夫妇，在买药时因药品质量与商家发生纠纷，投诉到所里。张军仓及时与厂家及经营者联系，在1小时内对消费者先行赔偿处理，后对经营者进行了处罚。许惠仙夫妇感激得送来了一面"群众利益保护神"锦旗以示答谢。近年来，他负责处理食品药品投诉22件，为消费者挽回损失0.9万元，得到了群众的一致好评。

严格执法　查办案件

为有效遏制食品药品违法行为，张军仓将食品药品案件的查办作为所里工作重中之重。一是结合专项整治查办案件。近年来，共开展肉类、乳制品、食用油、酒类、豆制品、桶装水、保健食品、辣椒制品、双节市场食品、学校周边食品、旅游市场食品、保健食品和药品专项整治30多次。像在"四打击四规范"工作中，他和所里同志一起将蔡五路、凤凰路、五丈原北星街、另胡市场作为重点开展检查，对东堡子4户无证豆芽加工户、另胡市场5户无证经营牛肉者下发监督意见书，责令停业整改。对蔡五路4户经营户的不规范民俗食品进行了下架暂扣。对五洲超市等2户未索证索票的单位进行了立案处罚。二是在飓风行动中，他充分发挥协管员和信息员的作用，及时掌握辖区信息动态，对存在的风险点加强检查，对违法行为，严肃处理。蔡家坡地区流动摊点和外来人员较多，为此他带领所里同志深入村组、城乡接合部进行检查。在对岐星村检查时，有2户食品加工小作坊不具备加工条件，当事人不配合检查。他和同志们一起经过对当事人做了3个多小时耐心细致的思想工作，终于取缔了2户不合格小作坊。三是结合"三小"整治活动纠正违规行为。自开展"三小"整治以来，他带领全所同志，按照"许可、改造提升、淘汰"要求，加班加点，对照整治标准要求，逐门逐户排查。共许可提升小作坊70户、小餐饮128户、小摊贩48户。取缔淘汰小作坊20户、小餐饮10户。纠正违法违规行为32起。近年来，他带领所里同志共立案查办食药案件28起，查扣和收缴违法物资价值5万余元，上缴罚款16万元，移交司法2起3人次，使蔡家坡地区的食品药品违法经营活动大幅下降，老百姓对食品药品的安全满意度达到近年来最高水平。

在食品药品监管的基层岗位上，张军仓把对群众和工作的爱心融入平常的一点一滴，为了一方百姓的食药安全，扎实工作，廉洁勤政，用自己的实际行动诠释了一个共产党员的本色。

（岐山县市场监督管理局）

勤　勉

《尚书·周书·周官》云："功崇惟志，业广惟勤。"勤就是勤奋、勤劳，勉就是勉励、自勉，简单地讲勤勉就是努力不懈、勤劳不懈，即使力量不够，仍然坚持去做。古训讲："勤能补拙"，俗话说："一勤天下无难事"，中华民族自古以来就以勤劳、坚韧著称于世。早在4000多年前，大禹治水时，就留下了"克勤于邦，克俭于家"的古训；3000多年前，周人迁往周原后，勤勉创业，自强不息，奋力崛起，不断创造辉煌。勤勉是周文化的重要思想理念之一。在今天，勤勉既是个人品德之一，又是中华传统美德之一，更是一种职业道德规范，它要求人们热爱劳动，勤奋工作，不怕苦、不怕累，用自己勤劳的双手去成就辉煌的事业、创造幸福的生活。

【历史典故】

凤夜在公　勤政爱民

周公旦是我国西周初期伟大的政治家，他一生辅佐了文王、武王、成王三代君主，为西周王朝的建立和强盛呕心沥血，为我国奴隶制社会黄金时代的到来，作出了不可磨灭的贡献。

武王病逝后，政权还没有完全巩固，国家面临内忧外患，治理国家的重担一下子压在周公的肩上。这时候，屋漏偏逢连阴雨，纣王的儿子武庚联合"三监"发动叛乱，周公不辞劳苦率军队东征平息了叛乱。在七年的摄政生涯中，周公夙夜在公，勤勤恳恳地处理国家政务，尤其是在他主持制礼作乐期间。制礼作乐是一项非常庞大的政治工程，关系到周王朝的长治久安。周公非常重视这件关系到千秋万代的大事，他一方面阅读大量的文献典籍，希望从中找到启发和借鉴；另一方面深入基层，访问许多贤士和下层人民，听取他们的意见。一些史书上说，周公请教过的贤士有上千人，接见过的各层人士过万人。为了做好制礼作乐这件事情，他经常通宵达旦，夜以继日，废寝忘食地工作。有志者，事竟成。在周公的辛勤努力下，终于完成了这项影响深远、泽被后世的政治工程。制礼作乐是中华文明史上的里程碑，是一项功在当代、利在千秋的伟大工程。

周公完成制礼作乐工程后，就将国家政权交给了成王。他担心年轻的成王贪图安逸享乐、懈怠政事，就作了一篇《无逸》劝诫成王。周公告诫成王要牢记太王、王季、文王、武王辛勤开创家业的艰辛，明白江山来之不易，只有兢兢业业，勤于政务，国家才能长治久安。

【典故解读】

周公以国家利益为重，在摄政期间，勤勤恳恳、兢兢业业，开创了我国历史上第一个治世——成康之治，他也成为勤政爱民的典范。勤勉是我国劳动人民创造并身体力行的职业道德。在今天，无论什么人，无论从事哪一行职业，职业对我们每个人而言既是安身立命的基础，又是施展才华的平台。爱岗敬业、勤勉尽责不仅是一种孜孜以求、坚持不懈的敬业精神与人生境界，更是一种最基本的道德品质和职业操守。古人云："业精于勤，荒于嬉。"在工作中，勤奋不怠、尽职尽责既是最起码的职业道德规范，又是应有的工作态度。

【传承弘扬】

闻鸡起舞　勤勉自励

祖逖是我国东晋时期杰出的军事家，他文武双全、胸怀坦荡、志向远大，以报效国家为己任。

西晋王朝灭掉了孙吴政权，结束了三国鼎立的时代，实现了短暂的统一。晋武帝司马炎逝世后，继任的晋惠帝是个白痴，皇族内部为了争权夺利，发生了长时间的内乱，史称"八王之乱"。"八王之乱"严重削弱了西晋王朝的统治基础，北方的匈奴、鲜卑等五个游牧民族乘机入侵，北方陷入长期战乱状态，史称"五胡乱华"。西晋灭亡后，皇族司马睿在建邺（今天江苏省南京市）建立东晋王朝。大量汉族人民为躲避战乱，迁往江南地区，史称"衣冠南渡"。祖逖就生活在这个乱世出英雄的时代。

祖逖家是北方大族，他少年时学习并不刻苦。青年时期，他目睹了人民饱受战乱的惨状，从此深刻认识到不刻苦学习，就不能报效国家的道理。于是就习文练武，非常勤奋。

祖逖和刘琨是好朋友，他俩友情深厚，都有收复失地，结束战乱，统一国家，建功立业的远大理想。他俩一同担任司州主簿时，由于志同道合，常常同床而卧，同被而眠。有一次，祖逖在半夜睡梦中听到公鸡的鸣叫声，就一脚把刘琨踢醒，说："别人都认为半夜听见鸡叫声不吉利，我却不这样想，这是激励我们奋发图强的声音啊！干脆今后半夜听到鸡叫声就起床一起练剑、读书吧！"刘琨高兴地答应了。于是他们每天半夜听到鸡叫声后就起床一起练剑、读书。冬去春来，寒来暑往，他们从来没有间断过。功夫不负有心人，经过长期勤奋读书、练武，他们终于成为能文能武的全才，既能写得一手好文章，又能带兵打胜仗。后来，祖逖被封为镇西将军，实现了他报效国家的愿望，成为国家的中流砥柱。刘琨也做了大将军，兼管并、冀、幽三州的军事，充分发挥了他的文才武略。

成语"闻鸡起舞"成为勤勉刻苦、自强不息、奋发图强的代名词，也比喻有志之士即时奋起、报效国家。

【学习践行】

平凡中的坚守

凌晨4点半，整个县城还处在浓浓的睡意中。李润琴和往常一样，已经匆匆赶往北大街，她和同事们要赶在太阳升起前完成马路清理工作，让城市以最美的面貌迎接新的一天！

坚守岗位尽心尽责

李润琴负责清扫的岐山县北大街路段，是岐山县城相对繁华的一条主干道，摊贩、商家、居民云集，生活垃圾较多，街道有两排高大浓密的法国梧桐。不管是夏天的西瓜皮，秋天的落叶，特别是春天的风沙和冬天的冰雪，都让她苦不堪言。为了保质保量地完成工作任务，她每天凌晨就来到岗位，很晚才下班，一天工作下来，累得满头大汗、腰酸脚痛。天气炎热时，就站在街台上擦擦汗，喘口气。冬天手冻僵了，哈上几口气，暖一暖仍接着干，手上磨了一层又一层老茧。

2010年冬季的一天，天气寒冷，她感冒好几天，一天比一天严重，发烧到40℃，实在起不了床。因为没有顶班的人，为了不影响工作，她让未成年的孩子替自己去路上打扫，自己独自去医院看病，吃药打针后

127

继续上班，以顽强的意志担起一份令人尊敬的责任！

十几年如一日的勤勉工作中，她从没叫过一声苦，喊过一声累。这么多年的露天劳作，让人看上去她并不像40多岁的女人应该有的模样。满脸风霜，面颊上布满褶皱，裸露的皮肤被风雨侵蚀得蜡黄而粗糙。上班的时候，她总是把头发随意地挽起来塞在工作帽子里面。虎口因为常年握扫把和铁簸箕生了大面积的老茧，到冬天还会皲裂，每天晚上必须用热水泡手脚，然后用刀刮去手脚上的陈皮老茧，有时候不小心还会刮出伤口来，旧痕添新伤！

即便如此，她认为辛苦不是怠慢工作的理由。街上的垃圾桶脏了，用抹布一点点擦拭干净；绿化带内有杂物，她用手一个一个地捡，手伸不进去的地方，就用夹子一个一个捡，直到干净为止。

她认认真真地清扫北大街的每一个角落，从不放过一片纸屑、一个烟蒂。为了尽可能地把街上的灰尘扫得更彻底，她常用塑料包装软绳和竹扫帚结合绑扎在扫帚上，将地上的灰尘扫得很干净，扫地时不再尘土飞扬。冒严寒清扫积雪，顶酷暑处理垃圾。夏日多发的暴雨，每次都能给路面带来大量泥沙，特别是周围有建筑施工的情况下，沙砾、水泥和雨水混合在一起，垃圾重量大且又有黏性，给清理工作带来了极大的麻烦，李润琴通常要用扫帚使劲扫好多遍，才能处理干净这些渣滓，把雨水赶进下水道，还行人方便。等到下班，胳膊又胀又痛，几乎抬不起来，雨水灌进雨衣，浑身湿透。长年累月劳累，使她得下了风湿病，到阴雨天，关节经常疼痛难忍。但她依然恪尽职守，保证路面整洁。

2013年秋天的一个傍晚，她冒着大雨，拉着满载落叶的车去倒垃圾，却没想到雨大路滑，再加上过度劳累和低血糖，一时眩晕，头部撞在了车把上，鲜血直流，但仍坚持把路上的落叶打扫处理干净，忍着疼加完班才回家。在儿子的催促下，到医院缝了三针，半个月治疗期间她仍然坚持上班。因为她觉得这是自己的本职工作，是自己的责任，自己不出力，别人就得多出力，自己不辛苦，别人干得更辛苦！所以即使受伤，即使辛苦，也要战胜自己。她就是这样长年累月，夜以继日，维护着县城的洁净和美丽。

平凡而伟大

如果一定要用一句话来形容李润琴，就是"讷于言而敏于行"。她日复一日、年复一年，默默地工作在环卫第一线，不善言辞却在行动上时刻关心着别人，经常找最脏最苦的干，即使不在自己工作范畴内，只要她能帮忙就顺手帮一把，新来的同事比较慢，同班的同事身体不舒服，她都顺手帮一帮。

2009年2月，李润琴被岐山县环卫站评为"2008年度优秀工作者"，同年10月被宝鸡市园林环卫局评为"园林环卫优秀工作者"。2010年3月被岐山县环卫站评为"2009年度先进工作者"。2012年10月被宝鸡市环卫站评为"优秀清扫保洁员"。2013年10月被岐山县住房和城乡建设局评为"2013年度园林环卫先进工作者"等等。此外，自从李润琴在北大街工作以来，北大街几乎每年末都能被环卫站评选为"年度优秀路段"。

从她身上我们看到了：从小事做起、把小事做好的老黄牛精神；努力工作，勇于进取的健康心态；爱岗敬业，勤勉工作的职业风范；淡泊名利，无私奉献的人生态度。李润琴虽然只是一名普通的环卫工人，没有轰轰烈烈的壮举，但她在平凡的岗位上，十一年间用自己辛勤的汗水换得了城市的清洁美丽。

因平凡而伟大，因坚守而光荣。作为环卫工作者，李润琴始终在这灰头土脸中平凡坚守，她的精神世界与我们县城一样美丽。

（岐山县住房和城乡建设局）

尊　贤

《墨子·尚贤》云："夫尚贤者，政之本也。"尊重贤才是我国的优良传统之一。尊贤就是尊重贤才，即尊重和爱护有道德、有才能的人。尊敬和重用贤才是周文化的核心理念之一，周文王渭水访贤，重用太公，天下三分之二归周；周公吐哺握发、礼贤下士，赢得天下归心；齐桓公不计前嫌，重用管仲，成就春秋霸主大业；秦孝公重用商鞅，富国强兵，奠定统一伟业；燕昭王筑黄金台，招贤振兴燕国等，这些求贤若渴的历史典故都成为千古佳话。先秦时期大思想家孔子、墨子、孟子等继承了这一思想并发扬光大，在后世产生了极为深远的影响。尊贤既是中华传统美德之一，又是一种良好的社会道德风尚，更是一种职业道德。

【历史典故】

文王访贤　尊贤重才

周文王是商朝末期杰出的政治家、军事家，西周王朝的奠基人。周文王是商朝西方诸侯之长，又称西伯侯、西伯昌，以敬老慈少，礼贤下士闻名于诸侯。

周文王担任周国国君时，他施行仁政，礼贤下士，将周国治理得政通人和，百姓安居乐业，诸侯纷纷归附。这引起了商王朝统治者的警惕，纣王听信谗言，把文王囚禁在羑里进行政治迫害，还杀害了文王的长子伯邑考。周国向纣王和他的宠臣献上大量的财宝，文王在羑里被囚禁七年后，才得以回国。文王身负国仇家恨，他回到周国后，广施仁政，发展生产，访贤问能，励精图治，积极准备伐纣灭商。

周文王每隔一段时间就要外出狩猎，这样做一方面是劳逸结合，调剂生活；另一方面是了解民情民意，寻访贤才。有一次，文王晚上做了一个怪梦，他梦见一只白额猛虎，两肋还长着翅膀，向自己扑来，后面一轮红日，红光满天，一下子惊醒过来。第二天算了一卦，卦象说：白额猛虎长着翅膀是飞熊，预示着文王将得到大贤才。于是，文王为了表示对大贤的尊重，用很高的礼仪，沐浴斋戒三天后，带着文武大臣以狩猎为名，去渭河边访贤。他们一行在渭河边遇到了一位直钩垂钓的老人，文王感到很奇怪，就上前和老人谈话。经过一番交谈后，他发现老人正是自己要寻找的治国贤才，就高兴地说："我先君太公曾经预言说：'会有圣人来到西岐辅佐，周国会兴盛起来'，您就是太公预言的那个人呀！我太公盼望你已经很久了。"这位老人就是大名鼎鼎的姜太公。文王说过这番话后，大家都称他"太公望"，"姜太公"的名号在后世家喻户晓。

相传，文王为表示对大贤的尊重，亲自为姜太公拉车，拉到八百多步时，实在走不动了，就停下来，于是就有了"文王拉车八百步，周朝江山八百年"的传说。周文王拜姜太公为太师，在姜太公的辅佐下，周国很快强盛起来。后来，姜太公辅佐武王伐纣，推翻了商朝的统治。文王访贤的传奇故事成为脍炙人口、妇孺皆知的千秋佳话。

【典故解读】

周文王求贤若渴，广纳贤才，为周国的发展壮大及周王朝的建立做好了人才筹备工作，奠定了人才基础。尊贤、敬贤既是中华民族的优良传统，又是我国古代王朝繁荣昌盛的重要原因，也是中华文明长期在世界独领风骚的重要原因，更是历史前进的动力源泉。习近平总书记强调，"要树立强烈的人才意识，寻觅人才求贤若渴，发现人才如获至宝，举荐人才不拘一格，使用人才各尽其能"。在今天，无论什么行业，在领导层面就要尊贤、用贤，充分发挥贤才的作用，切实做到人尽其才；在员工层面就要见贤思齐，以贤才为师，向贤才学习，不断提高自己的道德境界和业务能力，快速成长。只有这样，企业才能做大做强，事业才会长盛不衰。

【传承弘扬】

三顾茅庐　求贤若渴

刘备，字玄德，我国东汉末至三国时期杰出的政治家，蜀汉政权的创立者，历史上称他为先主或汉昭烈皇帝。

东汉末期，天下大乱，正是一个乱世出英雄的时代，刘备就是这个时代造就的英雄人物。刘备前半生在群雄混战中，由于兵力不足，谋略不够，常常失败，不得不先后依附于公孙瓒、陶谦、曹操、袁绍、刘表等。直到诸葛亮出山辅佐后，才发生了根本性的变化。

官渡之战后，刘备依附于刘表，在新野（今河南省新野县）练兵。为了能够统一天下，复兴汉王朝，他到处招贤纳士。名士徐庶和司马徽等人见刘备胸怀大志，求贤若渴，就向他举荐了号称"卧龙"的诸葛亮。于是刘备就与关羽、张飞带着礼物到隆中（今湖北省襄阳市）去请诸葛亮出山辅佐。由于事先没有约定，刘备前后去了三次才见到了诸葛亮。诸葛亮胸有成竹，对天下形势作了准确的分析，并阐述了当前和长远目标对策，以及统一天下的基本方略，刘备听后非常高兴，对关羽、张飞说："我得到诸葛亮，就如同鱼得到了水一样。"这就是历史上著名的隆中对，三顾茅庐也成千古美谈。

尽管刘备比诸葛亮大20岁，但他非常尊敬、信任诸葛亮，对诸葛亮委以重任，言听计从。正是刘备求贤若渴、礼贤下士的诚恳态度感动了诸葛亮，在诸葛亮的辅佐下，刘备在西南地区站稳了脚跟，建立了蜀汉政权，实现了隆中对中三分天下的方略。刘备逝世前，把太子刘禅托孤给诸葛亮，诸葛亮为报答刘备的知遇之恩，忠心辅佐刘禅，多次北伐，以完成刘备统一天下、复兴汉王朝的愿望。在最后一次北伐途中，诸葛亮鞠躬尽瘁，死而后已，在五丈原（今陕西省岐山县）病逝。

【学习践行】

"三措并举" 激发人才队伍活力

近年来，岐山县紧紧围绕人才"培养、吸引、使用"三个关键环节，完善机制，强化措施，整合资源，不断加强人才队伍建设，激发人才队伍活力，为县域经济高质量发展提供人才保障和智力支持。

以体制机制激发人才活力。一是精心谋划抓部署。召开人才工作领导小组专题会议，认真学习贯彻落实中央、省、市有关人才工作会议精神，研究部署岐山县人才工作，着力解决困难问题。出台《关于加强人才引进培养工作的几条措施（试行）》《关于支持医疗卫生机构人才引进工作通知》《关于教体系统人才培养发展工作的通知》《岐山县人才引进暂行办法》，加大引才育才力度，加快人才队伍建设。二是形成合力抓落实。定期召开人才工作联席会，研究安排工作，督促落实个性化目标任务，着力解决工作中遇到的困难和问题。督促县级有关部门加强对引进的高学历、高技能人才的培养力度，防止人才流失；探索建立符合中小学教师、医生岗位特点的人才评价机制；加大科技进步、技术发明等奖项、专利的培育申报力度。三是精准识才抓管理。立足县情实际，围绕项目建设、招商引资、园区建设等，注重从基层一线和中心工作中发现人才，在教育、卫生等系统组织开展名师、名医等评选活动。对岐山县党政人才、企业管理人才、专业技术人才、农村实用人才等各类人才进行摸底，健全人才信息库，为县委、县政府决策提供参考。

以柔性引才助推合作共赢。一是聚才聚智促发展。瞄准"百人计划"等高层次人才和创新创业项目、高新技术企业,通过大力培育申报、校地校企合作、硕士博士挂职、暑期社会实践等措施,借智借力助推追赶超越。督促县级有关部门提前谋划项目合作内容,力争签约一批合作项目。二是借智引才破难题。围绕岐山县周原遗址、周文化大景区明堂项目等重点文旅项目,加强与北京大学考古文博院等院校深度合作,借智引才,引进高层次人才,为岐山县经济发展出谋划策。深化推进校企合作、校地合作,建立激励机制,创新柔性引才方式,吸引高端人才致力岐山发展。三是深化合作促赶超。以"一把手进高校进院校"活动为载体,深入推进校企校地合作,与西交大医学部、哈工大汽车学院、西安建筑科技大学、西安石油大学、西安理工大学、西农大、复旦大学附属华山医院等10余所高校院所签订校地合作协议,充分发挥高校院所在人才、科技、研发等方面优势,在干部培养、人才引进交流、科研推广、基地共建上全面合作,力主创新研发、成果转化,实现校地校企共赢。

以用好用活促进作用发挥。一是"用"好拔尖人才。修订《拔尖人才考评办法》,实行把年度考核结果与津贴挂钩,区分层次等级、年度贡献,按照优秀和合格两个等次,兑现津贴待遇。落实休假疗养、体检制度,在落户、住房、税收、医疗、子女入学等多方面开辟"绿色通道",确保优秀人才引得进、留得住。二是"用"活专业人才。邀请西北农林科技大学专家、科技人员深入益店镇小麦示范田、蔡家坡猕猴桃示范园等,开展技术帮扶指导,举办各类技术培训班,培育农业科技示范户,培养新型职业农民;发挥农林水、文教卫生等部门职能优势,建立专业人才服务队,服务群众生产生活。三是优化人才环境。以岐山政务网、党建网等为平台,创新形式,加大人才工作政策、保障服务措施和优秀人才事迹等宣传力度,总结推广企事业单位等用人主体的好做法、好经验。组织开展"人才工作宣传月"活动，在全县营造"尊重劳动、尊重知识、尊重人才、尊重创造"的良好氛围。

（岐山县委组织部）

团　结

《周易》云："二人同心，其利断金。"团结，是事业成功的关键。团结就是相互配合、相互协作，为了集中力量实现共同理想或完成共同任务而联合或结合。团结既是一种团队精神，又是一种集体力量，更是一种必不可缺的职业道德规范。团结既是周文化的特质之一，又是中华文化的特质之一，更是中华民族的民族精神之一。中华优秀传统文化在源头上就蕴含着团结协作的理念，儒家主张以"仁政"求团结，道家主张以"无为"求团结，墨家主张以"兼爱"求团结。从周部族的崛起到西周王朝的建立，从华夏族的诞生到中华民族的繁荣昌盛都离不开团结。

【历史典故】

《君奭》剖心　同德辅政

周公旦与召公奭都是周初杰出的政治家、开国元勋和王室宗亲。他们位高权重，与姜太公一起位列三公，担任周王朝最高官职，是周成王的左膀右臂。

周武王病逝后，成王年少不能处理国家政务，周公就摄政代理成王行使周天子的职权，经常代成王发布文告和命令。这引起周室宗亲和重臣的怀疑与不满。周公的哥哥管叔更是强烈不满，不但放出流言说周公将不利于成王，要取代成王，而且还勾结纣王的儿子武庚发动叛乱。就连太公、召公等重臣也开始怀疑周公。面对内忧外患，周公明白必须保证统治高层的团结，齐心协力、同心同德才能度过危机。周公首先向太公、召公表明心迹，以消除隔阂来达到团结的目的。

叛乱平息后，姜太公被封到齐国担任国君，朝中最重要的两个大臣周公、召公就成了周成王的左膀右臂。洛邑建好后，成王担心两人再次产生隔阂，就决定以河南省陕县（现今三门峡市陕州区）为界，令召公长期留守镐京（宗周），处理陕县以西的事务；周公长期留守洛邑（成周），处理陕县以东的事务。周公心里清楚这只是权宜之计，要继承文王、武王的功业，将西周王朝推向繁荣昌盛，就必须彻底消除召公心中的隔阂，两人同心同德，齐心辅佐成王，于是周公主动写给召公一篇名为《君奭》的诰词。在诰词中，周公敞开心扉、推心置腹、开诚布公地谈了自己的想法。首先，他谈了商朝丧失江山的原因，以及周朝江山的来之不易；其次，他强调周王朝要实现长治久安就必须弘扬文王、武王的美德；再次，他广泛征引历史史实，总结历史经验教训，并指出，只有辅政大臣齐心协力，同心同德，国家才会长治久安；最后，他明确表示非常倚重召公，希望和召公同心同德辅佐成王，共同完成文王、武王的大业，普天之下的百姓都能够沐浴到文王、武王的德行。

情真意切的诰词表现了周公以国家利益为重的高尚品德。召公看后，被周公大公无私的精神所感动，与周公同心同德，齐心协力辅佐成王，终于开创了我国历史上第一个治世——成康之治，也留下了千古传颂的历史佳话。

【典故解读】

兄弟同心，其利断金。正是由于周公与召公两人齐心协力、团结一致、同心同德，周王朝的政权不但巩固下来，而且迈向了一个前所未有的辉煌境地，开创了史家津津乐道的"成康之治"。团结是一种智慧和力量，更是走向成功的基石，是保障一个家庭、一个企业、一个单位、一个民族、一个国家兴旺发达的不竭动力。在今天，无论从事什么职业，无论是领导层面还是职工层面，保持团结，增强凝聚力和向心力是一个企业或事业成功的重要保障。

【传承弘扬】

将相和好　同心保国

蔺相如和廉颇是战国末期赵国的重臣，两人一文一武，是赵惠文王的左膀右臂。蔺相如是当时著名的政治家、外交家，廉颇是当时杰出的军事家，与白起、王翦、李牧并称为"战国四大名将"。

廉颇因为战功显赫做上了赵国的上卿（诸侯国高级官职），以勇敢善战闻名于诸侯。蔺相如当时只是一个小小的门客，毫无名气。赵惠文王得到了楚国产的宝物"和氏璧"，秦昭王得知后，表示愿意用十五座城池来换。赵惠文王既不敢得罪秦国，又怕上当受骗，左右为难。这时候，有人向赵惠文王推荐蔺相如解决这一难题，蔺相如挺身而出，出使秦国，凭借自己的智慧和勇敢，不辱使命，完璧归赵，既没有得罪秦国，又保住了"和氏璧"，成功化解了这场危机，因此被封为上大夫。

秦昭王很不甘心，又约赵惠文王来渑池（今河南省渑池县）会盟，赵国君臣都认为这是一场鸿门宴，秦昭王绝对不怀好意。蔺相如再次挺身而出，陪同赵惠文王参加会盟。在渑池会上，秦王让赵王为自己鼓瑟（弹奏一种乐器），这既羞辱了赵王，又触犯了赵国的尊严，可谓一石二鸟。秦国强大而赵国弱小，赵王不得不从，只好弹奏一曲，秦王还让史官记录下来。这时蔺相如胁迫秦王为赵王击缶（一种敲打的乐器），也让史官记录下来。蔺相如智勇双全，不畏强暴，捍卫了赵惠文王和国家尊严，被封为上卿，官职比廉颇还要高。

廉颇很不服气地说:"我是赵国的将军,多次出生入死,为赵国立下了汗马功劳!蔺相如只不过是一个小小的门客而已,凭着嘴皮子居然官居上卿,骑到我头上去了!让我感到非常耻辱,今后如果遇见他,一定让他难堪!"蔺相如得知后,经常称病不上朝,躲着廉颇。如果出门远远看见廉颇,就绕道而行,躲避廉颇。这样一来,赵国上下议论纷纷,流言四起,大家都认为蔺相如怕了廉颇。这下蔺相如的随从们坐不住了,他们纷纷向蔺相如抱怨,蔺相如说:"你们觉得廉将军与秦王相比,哪个更厉害?"大家都说:"秦王厉害。"蔺相如接着说:"秦王那么厉害,我都不怕,还与他针锋相对地斗争,难道我还会怕廉将军吗?秦国不敢进攻我们赵国的原因是文有我蔺相如,武有廉将军呀!如果我们俩不团结,互相争斗的话,就会给秦国提供进攻我们赵国的机会,这就是我躲避廉将军的原因啊!"蔺相如的这番话传到廉颇耳中后,廉颇幡然悔悟,他按照当地请罪的习俗,光着上身,背着荆条,在蔺相如门口请罪。蔺相如不计前嫌,原谅了廉颇,两人成为生死之交的好朋友。戏剧家将这个历史故事编成著名的传统剧目《将相和》。

秦国得知赵国有这样光明磊落、肝胆相照、齐心协力、同心同德的文臣武将,再也不敢轻易进攻赵国。蔺相如和廉颇以国家利益为重、个人恩怨为轻,团结一致,使赵国形成一股强大的政治力量,在战国末期一段时间里,赵国成为唯一能与秦国抗衡的强国。

【学习践行】

团结奋进　敬业如山

王博,男,生于1981年6月,中共党员,2000年7月参加工作,曾任岐山县机关事务管理中心副主任、县委办公室综合组长。在县委办公室工作期间,他勤奋学习,刻苦钻研,忠于职守,任劳任怨。特别是在担任县委办综合组长后，紧紧围绕全县工作大局，抓上级政策文件学习，抓一线调研了解情况，以文辅政水平不断提高。他先后起草县第十六次、十七次党代会报告等大型材料200余篇，起草县委领导在全县领导干部大会讲话、中央巡视组来岐巡视等重点讲话、汇报类材料1000余篇，采编《情况通报》和上报岐山工作动态类信息3000余条，其中撰写的《关于蔡家坡三级城市建设的实践与思考》荣获全省优秀调研成果二等奖，撰写的《践行群众路线贵在实干》被人民网刊载，县委办多次荣获全省党委系统信息工作先进单位，个人先后荣获市级优秀信息员、县级优秀共产党员称号，连续四年被评为全县目标责任制考核先进。

甘于奉献　无怨无悔　争创一流工作业绩

机关公文处理工作的运转情况，体现了县委办乃至县委的整体工作水平。为此，他以高度的责任感和严谨的工作作风，扎实做好此项工作。为当好参谋助手，他自觉把学习放在首要位置，持之以恒，常抓不懈。在公文处理工作中，他坚持吃透上情，熟悉下情，在此基础上结合领导思路和领导工作特点，撰写文稿材料，努力实现材料写作与领导思维同频共振；他坚持严把发文初审关，保证了公文质量，提高公文效率；他及时有效完成公文事务处理工作，突出公文及事务处理的规范性和时效性，并积极协助办公室主任做好办公室综合服务工作。有一次，在县委全会召开前，需要同时准备4个会议的相关材料，时间紧、任务重、要求高，他带领综合组全体人员并肩作战、加班加点，连续熬了好几个通宵准备相关材料，凌晨3点多还在为稿子内容和同事激烈讨论着，每天休息时间不到四个小时。由于没有时间回家看望刚出月子不久的妻子和年幼的女儿，妻子在电话中笑着说，"你再不回家，孩子估计都不认识你了"。面对妻子的理解、支持和包容，他深知自己做得还远远不够，唯有默默承受对家人的无限愧疚。他在工作上追求卓越，数不清有多少没有合眼的夜晚，多少汗水湿透的衣背，多少与家人不能共同度过的节日，他从来不计较个人得失，在平凡的岗位上默默奉献、忘我工作、争创一流。

立足本职　热忱服务　践行党的根本宗旨

服务是办公室工作的基本职责，在工作中，他讲政治、讲大局、讲党性，坚持把工作的立足点放在"三服务"上，兢兢业业，无私奉献，用实际行动践行了党的根本宗旨。在为领导服务方面，他坚持认真服务、主动服务、超前服务，不论时间早晚、不论任务轻重，只要工作需要，他都随叫随到，不打折扣，不讲条件，按照领导要求，认真完成交办任务；对领导关注的重点、热点、难点问题，主动开展调查研究，对带有苗头性、倾向性的重大问题提前介入、超前思考，并及时准确地向县委领导提出建议，为领导科学决策、民主决策发挥了积极作用。去年，围绕制定《关于加大支持蔡家坡发展的五条措施》，他广泛开展调研，多次去市上对接，查阅搜集相关资料，形成初步意见，为领导决策提供了很好的思路。在为基层服务方面，他坚持一视同仁，真心实意，对于基层办事的同志，不论年龄大小、职务高低，都坚持热情接待、真诚服务，对于需要办理的文件或文稿材料，高度负责，耐心修改。在为群众服务方面，坚持群众利益无小事，力所能及地为群众多做好事、办实事。他多次深入贫困户家中开展帮扶，真心实意与贫困户谈心谈话，帮助发展产业，多方联系、协调解决就业问题，真正把贫困户当作自己的亲人看待，赢得了群众的点赞。

精诚团结　群策群力　锻造有力高效队伍

他深知，"没有完美的个人，只有完美的团队。个人的力量是有限的，而团队的力量是不可估量的。"他善于团结其他同事一道工作，注重以身作则、模范带头，充分调动和发挥科室人员的工作积极性，最大化发挥团队的工作效能和创造力，确保机关公文处理水平不断提高。他热心助人，对于他人的要求从来都是能帮就帮，想别人永远比想自己多，处处为他人着想，也赢得了同志们的尊敬和爱戴，凝聚了团队的力量。他时常讲，"在无声无息的战场上，我们总是翻过了一座又一座的山，我们有一个强有力的队伍，一切困难都能克服。"在他的带领和感染下，锻造了一支团结高效、敢打硬仗、敢于拼搏争先的工作团队，为各项工作顺利开展奠定了强有力的基础。

行动胜于语言。他在平凡的岗位上一如既往，不计得失，冲锋在前，任劳任怨，团结同事，为自己所从事的事业付出了满腔热忱、捧出了全部真诚，塑造了一种不平凡的敬业奉献精神。

（岐山县委办公室）

友　善

《孟子·公孙丑》中讲："故君子莫大乎与人为善。"友善就是与人为善，是指人与人之间亲近和睦，真诚相待，谦让和善的精神状态。友善是处理人际关系的道德规范，是中华优秀传统文化思想理念之一。中华民族自古以来就崇尚与人为善、以和为贵，早在先秦时期，儒家、道家、墨家的一些思想精华中就体现出友善这一思想理念。在今天，从广义上讲，友善是公民维系良好人际关系和社会关系的基本道德规范，是社会主义核心价值观之一；从狭义上讲，友善是基本的职业道德之一，在职场关系中，它是实现团结的基础。

【历史典故】

古公治岐　亲仁善邻

周太王古公亶父是三千多年前商朝末期杰出的政治家、军事家和战略家。在周部族发展史上，古公亶父是一位上承后稷、公刘之伟业，下启文王、武王之盛世的划时代人物，是周王朝的奠基者。

古公亶父担任周部族首领时，周人在豳地（今陕西省旬邑、彬州一带）已经生活了近三百年，日子比较富足。周人的富足引起了戎狄部族的贪婪之心，他们时常掠夺周人的财物。为避免与戎狄发生战争，古公亶父带领族人离开这里，长途跋涉来到岐山脚下的周原地区定居下来。他们改革戎狄的习俗，平整土地，建造房屋和城郭，设置官职，建立国家，称为周国。

古公亶父以仁德治理周国，与周边部落友善相处，还娶了周边姜姓部落女子为妻。古公亶父待人十分友善，在他的影响下，周人待人也十分友善，喜欢帮助别人。因此，周边部落的人民都喜欢与周人做邻居，豳地百姓感念古公仁爱、友善的崇高品德，也纷纷前来投靠。古公亶父建国定居周原后，周原一年就变成了村落，两年就变成了城邑，三年就变成了都市，后来成为西部地区最繁荣昌盛的大都市。

相传上古时期，尧帝考察接班人舜，让舜居住在历山耕地。由于舜品德高尚、待人友善，大家都愿意和他做邻居，历山一年就变成村落，两年就形成乡镇，三年就成为一个大都市。可见，古公亶父的仁爱、友善的德行是可以和上古圣贤舜帝相比的啊！

【典故解读】

周太王古公亶父厚德仁爱、友善待人的崇高品德，赢得了周边部落人民的爱戴和拥护，为周人的崛起创造了有利的条件。友善本质就是追求人际关系、家庭关系、邻里关系、社会关系、民族关系、国家关系、人与自然关系的和谐。在当今社会，友善是调和职场矛盾、维护职场秩序、促进职场关系、实现职场和谐的重要职业道德。我们无论从事什么职业，处于何种职位，都要在遵守基本职业规章制度下，同事之间友善相待、互相谅解、互相帮助、和睦相处，共同进步。

【传承弘扬】

杨翥卖驴　友善邻里

杨翥是我国明朝时期礼部尚书，他虽然官居高位，但生活简朴，为人谦和，与人为善，从不仗势欺人。

杨翥家中养着一头驴，平时无论是办公还是出门办事，他都喜欢骑着驴去。他经常不顾家人劝阻，亲自喂驴，还给驴擦洗身子，甚至半夜起来也要看几次，生怕驴子哪儿不舒服。因此，家人及邻居都知道杨翥十分喜欢这头驴。

杨翥的邻居没有子女，直到50岁时，才老来得子，老两口十分欢喜，对这个孩子倍加疼爱。过了不久，杨翥见邻居脸上没有了笑容，一副愁眉不展的样子，感到很奇怪，几次询问邻居原因，邻居却总是吞吞吐吐不肯说。原来邻居的孩子一听到驴叫就吓得哭闹不停，一家人不得安宁，因为杨翥是大官，而且非常喜欢驴，所以邻居不敢提这件事情。时间长了，邻居的孩子哭闹不断，食量减少，身形消瘦，邻居更加愁眉苦脸。

一天晚上，杨翥躺在床上正想着邻居愁眉不展的原因，希望帮一把。忽然听见家中的驴大叫了几声，十分刺耳，猛然醒悟。他想，自己听到驴的叫声都烦躁得难以入睡，邻居家产妇听到难道不烦躁吗？新生的婴儿难道不会受到惊吓而啼哭吗？绝不能只顾自己的喜好与出行便利，而不顾邻居的苦恼啊！因为一头驴子使邻居不安，太不应该了。想到这里，杨翥感到很羞愧，不断自责，彻夜难眠。

第二天早上，杨翥就吩咐仆人立即把驴卖掉。从此以后，杨翥办公或是外出办事都改为步行，很不方便。但再见到邻居时，邻居一扫愁容，眉开眼笑，用感激的眼神望着他，非常热情。原来，自从卖掉驴后，产妇和婴儿晚上没有了惊扰，吃睡很香，婴儿十分安详，长得很健康。杨翥步行尽管很辛苦，心里却很高兴。

古语云："亲仁善邻，国之宝也。"杨翥换位思考、将心比心，与人为善，没有依仗自己的权势欺压邻居，反而十分友善地对待，从而赢得了邻里们的尊敬和爱戴。"积善人家，必有余庆"，后来，一伙盗贼密谋偷窃杨家的财物，街坊邻居们察觉后，主动帮助杨家轮流守夜防盗，贼人见防守严密，也就放弃了偷窃杨家的想法。

【学习践行】

甘当一颗铺路石

当行走在宽敞舒适的310国道岐山县段时，人们常会看到一位年轻精干，富有朝气的小伙，无论是赤日炎炎的夏天，还是寒风凛冽的冬天，他都风尘仆仆，手持养护工具，认真巡查，精修细养。日复一日，年复一年，默默无闻地奉献着自己的青春年华。他就是岐山公路管理段高店道班班长，甘当一颗铺路石的李少辉。

养路先育人

李少辉勤奋好学，善于总结，他不但坚持自学，还带领全班职工，坚持每周两次的政治理论和业务学习，大忙季节，也不中断。并把学先进、比贡献同职工的理想、信念和职业道德教育相结合，取得了一定效果。2014年，刚从外单位调来的一名女工，对公路养护这种既是野外，又是重体力的工作，很难适应。日常工作中，要么无精打采，要么迟到早退。李少辉看在眼里，急在心上，多次找她谈心，鼓励她振作精神，向身边的最佳道工学习，做一名有理想，勇于进取的养路工。通过他的耐心帮教，这名女工的精神面貌和工作态度发生了很大的变化，当年还被评为县段的先进生产者。

关心友善暖人心

李少辉关心职工胜过关心自己。2014年，他刚刚接任高店道班长的前几周，发现职工每天下班总是爱回家。而且有些职工的家离道班少说也有10公里，每天上下班骑着摩托车风雨无阻来回跑，既影响公路安全，又对职工自身的安全埋下了隐患。对此，李少辉仔细观察和分析，发现不是职工爱回家，而是职工下班后，道班生活枯燥乏味，缺少一种吸引力。于是他暗自下决心，一定要从根本上解决问题，让职工牢固树立以班为家的思想。

首先，从职工食堂抓起，制定切实可行的管理办法，结合季节变化安排食谱，使职工吃到可口饭菜。尤其是大忙季节，职工因工作需要推迟吃饭现象司空见惯，他叮咛炊事员耐心等待，并让职工每次都吃到热腾腾的可口饭菜。

其次，从改善环境抓起，想方设法创造舒适优美的生活环境。自2014年春季开始，李少辉带头在院内栽树、种花、种菜，带头打扫环境卫生。多次与县段联系，争取资金购置电脑、乒乓球案、象棋、羽毛球等文体用品，并为道班安装了洗浴和采暖设施，改善了道班的生活环境。他定期组织职工开展文体活动，丰富职工业余文化生活，激发职工的活力，使职工真正安下了心，把道班当成了自己的家。

再次，坚持为职工排忧解难，他深入了解职工的家庭状况和生活条件。对家庭拖累大、负担重的职工，千方百计关心照顾。2015年夏收之际，职工李金平家中的麦子已到了收割时间，由于该同志的父母年老体弱，难以下地，妻子又在蔡家坡照看孩子，脱不开身。得知情况后，李少辉立即让李金平回家收麦子，并亲自带领班上同志帮他完成养护任务。谁料想，就在李金平回家的第二天，李少辉的妻子又急匆匆地赶到班上，眼泪汪汪地对他说："你倒是管不管？咱家的麦子快要落到地里了！"看到妻子焦急的样子，李少辉劝慰说："这两天班上人手少、工作量大，我实在不能离岗。"就这样，在李少辉的再三劝说下，妻子也不好再说什么，回家叫来亲戚，帮助收割了麦子。

甘当一颗铺路石

李少辉一直把"养路养作风，路品看人品"作为自己养护工作的座右铭。多年的工作经验告诉他，要搞好养护工作，必须坚持经常上路。他是这样想的，也是这样做的。高店道班地处渭河以南，列养公路全部为过村镇路段，加之公路沿线开发和新建的工程多，路面抛洒建筑垃圾现象时常发生，给公路的安全畅通和日常保洁造成了较大困难。鉴于此种情况，李少辉亲自驾驶清扫车，从凌晨4点开始，每天对全班所有路段进行一次彻底的大清扫。同时，对路上出现跌落等危及安全畅通的石头等，及时予以清理。他还要求全班所有人员，每天在养护作业前，先对各自养护路段进行全面的巡查。在保证安全的情况下，再进行日常作业。三年来，仅李少辉班前义务清扫路面达2400多小时，保证了公路的安全畅通。

几年来，正是由于李少辉的爱岗敬业和无私奉献，使得高店道班的公路养护工作一年一个样，多次被县段评为最佳道班和先进集体，他本人也于2016年荣获宝鸡市交通系统"十佳养路工"称号。

（岐山县交通运输局）

第四章　社会公德

　　中国以"文明古国、礼仪之邦"著称于世，着眼大局、注重群体、恪守公德是中华优秀传统文化的显著特征。在"家国同构"的宗法制社会中，古代先贤很早就认识到道德对个人、家庭、社会和国家的重要性。古人讲的"身修而后家齐，家齐而后国治，国治而后天下平"，强调了私德和公德是一脉相承的，即从修私德到守公德，再到明大德，最终实现天下大治的目标。

　　道德是社会和谐的基石，是人际和睦的基础。古人云："人而无德，行之不远。"建立一个文明有序、和谐美好的社会，离不开个人修私德，更离不开社会全体成员守公德、明大德、传美德。社会公德是人们在社会交往和社会生活中应该遵守的行为准则，是维护社会成员之间最基础的社会关系秩序、是保证社会和谐稳定的最基本的道德规范。《新时代公民道德建设实施纲要》提出："推动践行以文明礼貌、助人为乐、爱护公物、保护环境、遵纪守法为主要内容的社会公德，鼓励人们在社会上做一个好公民"。在公民遵守社会公德方面提出了具体要求，有助于促进人的全面发展和社会的全面进步。

社会公德是一个国家和一个民族在历史长河与社会实践活动中积淀下来的道德准则、文化观念和思想传统。商周时期是我国古代社会公德的滥觞时期，从周太王迁岐到文王治岐，从三让天下到太伯奔吴，从制礼作乐到成康之治，在周原大地上形成了德孝仁爱、恭谦礼让、敬老尊贤等良好的社会风气。在此后长达3000多年的历史长河中，逐渐形成了爱国爱家、崇德向善、奉公守法、大公无私、急公好义、礼尚往来、尊师敬老、知恩图报、惩恶扬善、扶危济困等思想理念和社会公德。这对中华文化的传承与发展，以及我国古代社会的文明进步都起到了极大的促进作用，对今天公民道德建设和精神文明建设仍具有重要的借鉴意义。

爱　国

史学家司马迁在《报任安书》中有句名言："常思奋不顾身，而殉国家之急。"自古以来，中华民族就以爱国著称于世。爱国就是指热爱自己的国家，把个人的前途命运与国家和民族的前途命运紧密相连，把国家利益放在首位，急国家之所急，把自己的一切都无条件地奉献给祖国。几千年来，悠悠青史，谱写了一篇篇感天动地的爱国主义伟大篇章。早在先秦时期，先哲们就形成了伟大的爱国主义思想观念，从那时起，每当国家民族危亡之际，总有无数的仁人志士挺身而出，以身许国，前赴后继，视死如归，力挽狂澜。爱国既是中华民族精神的核心内容，又是中华优秀传统文化的核心思想；既是社会主义核心价值观的重要内容，又是全国各族人民共同的精神支柱；既是一种个人美德，又是每个公民必须具备的社会公德。

【历史典故】

曹沫劫盟　保国安民

鲁国是周公旦的封地，因辅佐周成王，就派嫡长子伯禽去治理鲁国，周朝的礼乐文化在鲁地生根发芽。在春秋时期，鲁国有个叫曹沫（一说叫曹刿）的人，他是周文王第六个儿子曹叔的后世子孙，当时著名的军事理论家。

春秋时期，周室衰落，周天子丧失了对诸侯的控制能力，一些大诸侯国凭借武力欺凌弱小诸侯国，进行争霸战争。因此，孟子认为："春秋无义战"，即春秋时期没有正义的战争。

齐桓公即位后，向鲁国发动了长勺之战。鲁国是一个弱小的诸侯国，面对强大的齐国，鲁国国君鲁庄公一筹莫展，不知道怎么办才好。这时候，曹沫只是一个平头百姓，在国家面临生死存亡的危难时刻，他挺身而出，说服鲁庄公，担任鲁国军师。曹沫指挥鲁国军队，以少胜多，取得了长勺之战的胜利，保卫了国家。

长勺之战后，齐桓公不甘心失败，凭借强大的国力又向鲁国发动战争，由于国力悬殊，鲁国最终战败，逼迫求和，并答应在齐国境内会盟。这个会盟实际上是举行割地求和仪式，对鲁国是一种羞辱，鲁国上下都很气愤，无奈实力远不如齐国。鲁庄公只好去齐国参加会盟，曹沫担心庄公遭遇不测，就挺身而出，亲自陪同鲁庄公去齐国。

鲁庄公一行来到齐国会盟坛下，这里到处都是身穿盔甲的士兵。齐国只允许君臣两人登台参加会盟，鲁庄公脸色发白，曹沫却毫无惧色，扶着鲁庄公登台与齐桓公见面。举行歃血盟誓时，曹沫突然上前用袖中藏的匕首劫持齐桓公，齐国大臣们见状大惊。曹沫怒目而视，大义凛然地说："两国会盟，公道为先，齐国恃强凌弱，抢占我国土地，又以武力逼迫我们国君参加会盟，请问公道何在？"接着，他又义正词严地说："今天，齐国如果愿意归还侵占的土地，我便放手，不然的话，我拼着性命不要，也要和你们国君同归于尽！"齐国君臣大惊失色，只好同意归还鲁国的土地，两国国君重新歃血盟誓。

会盟结束后，齐桓公愤恨不已，想杀掉曹沫，软禁鲁庄公。管仲劝谏说："我们凭借武力夺取鲁国土地本来就不符合道义，现在又要背信弃义，如何取信于诸侯？如何取信于天下？"齐桓公只好归还鲁国的土地，并设宴款待鲁庄公和曹沫一行，礼送他们回国。

【典故解读】

在弱肉强食的春秋时期，面对强大的齐国，曹沫临危不惧，挺身而出，以自己的大智、大勇，维护了国家的利益与尊严，为后世树立了爱国典范。爱国是一个永恒的主题，是中华民族最优秀的道德遗产，传承弘扬爱国主义精神是每个中华儿女义不容辞的责任。民族英雄林则徐诗云："苟利国家生死以，岂因祸福避趋之。"在战争年代，爱国就是舍生忘死，保家卫国。在今天，爱国对不同的人而言，具体做法是不同的，学生就要树立远大的志向、勤奋学习；成人就要爱岗敬业、做好本职工作等等，但最终目标是一致的，那就是为社会主义建设服务，为实现中华民族伟大复兴的中国梦而贡献自己的力量。

【传承弘扬】

抬棺西征　收复新疆

左宗棠是我国清朝晚期杰出的政治家、军事家、民族英雄，洋务派代表人物之一，与曾国藩、李鸿章、张之洞并称"晚清中兴四大名臣"。

左宗棠生活在政治腐败、民生凋敝、丧权辱国、山河破碎，内忧外患极为严重的清朝晚期。他胸怀大志，以救国救民为己任，青年时写了一副对联：身无半亩，心忧天下；读破万卷，神交古人。以此来勉励自己。他大器晚成，40多岁时才步入官场，凭借卓越的才能和良好的声望，很快成为清王朝的重臣。当时流传很广的一句话是：国家不可一日无湖南，湖南不可一日无左宗棠。

19世纪六七十年代，中亚浩罕汗国军官阿古柏在俄国的支持下，侵占了我国新疆大部分领土，企图将新疆分裂出去。新疆自古以来就是我国的领土，鸦片战争后，俄国掠夺了我国大片领土，这个时候又妄图分裂整个新疆，西北地区边疆危机迫在眉睫。当时，清政府在东南沿海地区也面临列强的威胁，朝中许多大臣主张放弃新疆，集中加强海防。这个时候，左宗棠挺身而出，力排众议，坚决反对放弃新疆，并一针见血地指出：俄国在阿古柏背后支持，如果放弃新疆，他们就会更加贪得无厌，得寸进尺，不断蚕食我国的领土。他还富有远见地强调：现在收复新疆，打掉阿古柏的嚣张气焰，俄国就不能在西北得逞，列强也就不敢在东南沿海挑衅，自己愿意挂帅出征。他的赤诚爱国之心感动了朝中的文武大臣，都同意左宗棠挂帅出征。

左宗棠率领湖湘子弟兵出征新疆时已经64岁了，他不顾年迈，不计个人得失，勇敢地挑起了收复祖国领土的重担。他制定了正确的战略方针，在新疆各族人民的支持下，经过血战，终于成功收复了除伊犁以外的全部领土。沙皇俄国乘阿古柏叛乱时侵占了伊犁，清政府派代表崇厚出使俄国，希望通过谈判解决伊犁问题，但没想到崇厚在俄国胁迫、愚弄下，签订了丧权辱国的条约。清政府重新派曾纪泽与俄国谈判，左宗棠深知没有武力做后盾是不可能解决这个问题的，于是他设立了抗俄司令部，以69岁高龄让士兵抬着棺材出征，表明自己的决心。在左宗棠有力支持下，经过艰难谈判，终于签订了《中俄伊犁条约》，收复了伊犁地区。尽管这是一个不平等的条约，但在中国近代史上，这是唯一通过谈判收回领土的条约。在进军新疆的沿途，左宗棠下令让士兵栽种柳树，绿化祖国，人们把这种柳树称为"左公柳"，随军诗人作诗赞美：

大将筹边尚未还，湖湘子弟满天山。

新栽杨柳三千里，引得春风度玉关。

中法战争爆发后，法国军舰侵犯台湾和东南沿海一带，左宗棠抱病积极抗法，但不幸在福州病逝，清政府追封他为太傅，谥号"文襄"。在病逝前，他表示因病不能参加抗击法国侵略者而感到抱憾终生，死不瞑目。"一生不谈和议事，千秋独有左文襄"，这是后人对左宗棠敢于向帝国主义侵略者亮剑、捍卫国家利益的爱国主义精神的高度赞誉。

开国上将、中华人民共和国原副主席王震将军评价说："左宗棠在帝国主义瓜分中国的历史情况下，力排投降派的非议，毅然率部西征，收复新疆，符合中华民族的长远利益，是爱国主义的表现，左公的爱国主义精神，是值得我们后人发扬的。"

【学习践行】

港珠澳大桥管理局总工程师苏权科

从港珠澳大桥的调研论证到开通运营，从年富力强到两鬓泛白，港珠澳大桥管理局总工程师苏权科一干就是15年。

港珠澳大桥2018年10月正式建成通车。这个创下多项世界第一的超级工程，不仅打通了粤港澳地区的空间阻隔，也将三地的未来发展紧密相连。苏权科带领团队，破解一项项世界级难题，把国际同行眼中无数个"不可能"变为"可能"。

从零开始　自主研发

2003年，国务院批准开展港珠澳大桥项目前期工作，作为参与筹建者之一，当时41岁的苏权科把精力都投入建好这座跨越伶仃洋的港珠澳大桥上，决心要用中国标准建一座中国桥。

第一次在外海环境建设跨海大桥，港珠澳大桥从谋划之初就面临着没有基础数据、不掌握核心技术、缺乏施工装备的"三无"困境。"当时，国外的公司并不看好我们。海中混凝土结构设计使用寿命要达到120年，我们还没有一套成型的方法。"回忆起当时的艰难处境，苏权科百感交集。

面对只有少数国家掌握关键核心技术的壁垒，苏权科横下一条心，从零开始，自主研发。伶仃洋海域气温高、湿度大、海水含盐度高，在海水、海风、盐雾、潮汐、干湿循环等诸多因素的影响下，建造一座高标准的跨海大桥，每一个问题都要反复实验。"从设计资料到技术标准，包括国际上跨海大桥的行业动态，绝大多数材料都是英文的，幸亏我当时进修了英语。"苏权科说。

国之重器，容不得半点马虎。为了编制出合适的技术标准体系、科研规划纲要、设计咨询管理办法、质量管理方案，苏权科飞赴世界各地拜访桥梁界的专家，观摩了上百座桥；组织审查了几十万张技术资料和图纸，反复论证完成了几百本设计施工方案。

功夫不负有心人。经过15年的探索与努力，苏权科终于和团队一起，攻破了海洋环境下深埋（大回淤）沉管隧道设计与施工、海上装配化桥梁建设、混凝土结构120年使用寿命保障、桥、岛、隧、水下互通的集群工程防灾减灾等一系列技术难题。

与桥为伴　勇争一流

生在西北旱地，却与水乡结缘、与桥梁为伴。20世纪80年代末，苏权科从西安公路学院桥梁与隧道专业硕士毕业后，远赴广东，从事桥梁结构的设计和检测工作，先后担任广东省公路工程质量监督站副站长、广东省交通科学研究所总工程师，并参加公路桥梁世界银行贷款项目管理工作。

这些经历让他对国内桥梁建设水平与国外的差距有着清醒的认识。"技术力量相对薄弱，尤其在装备和材料方面与发达国家还有较大差距，设计施工阶段对桥梁运营和维护也缺乏周密的预先布局。"苏权科回忆当时的情形。

外界饶有兴致地盘点港珠澳大桥创下的多个"世界之最"——总体跨度最长、钢结构桥梁最长、海底沉管隧道最长，苏权科对此却十分淡然。在他看来，量化的指标固然可以体现一座桥梁的技术水平，但衡量一座桥梁的先进程度如何，更应关注那些难以量化却意义深远的方面。

苏权科介绍，港珠澳大桥在设计、施工、管理、运维、环保、景观等多方面，已形成61套标准。"这些标准既能保证桥梁品质，又能保障施工安全，工人的作业环境也得到了优化。"苏权科的语气中充满自豪。

跨界工程　数字转型

港珠澳大桥通车后，如何管好用好大桥，让其真正服务于粤港澳大湾区建设，成为桥梁人的新使命。"以前，港珠澳大桥是一座物理大桥；未来，我们要再造一个基于数字孪生的智能化大桥。"苏权科说，他们正在挑战土木工程数字化这一跨界工程难题。

2019年底前后，港珠澳大桥管理局联合香港理工大学、香港大学、澳门大学、中交四航工程研究院有限公司等机构，成立了粤港澳大湾区交通建设智能维养与安全运营工程技术研究中心，围绕港珠澳大桥的安全运营、结构监测和应急管控展开了新一轮协同攻关。

为什么要建这座数字化大桥？苏权科表示，通过物联网、大数据、AR/VR和人工智能等技术，精确感知大桥本体及其外部环境的状况，一方面可以为大桥的维护提供支持，延长使用寿命，另一方面能够在流量分析、路政巡查、应急管理上进行预警监测，提高大桥运营效率。

为了让物理大桥上的每一个细小构件都能在数字世界中找到位置，苏权科和他的团队需要先研发一套包含无人机、无人艇、机器人在内的数据采集装备。"在此基础上，通过摸索海量数据之间的逻辑关系，建立分析模型，不断测试、反复验证，最终实现对大桥的智能化运维。"

"建设这样的数字化大桥在国外没有系统全面的先例，我是搞土木工程出身的，现在数字大桥建设是人工智能领域。我每天都在学习，我相信依靠团队的力量，数字大桥一定能够做出来。"苏权科说。

（康琼艳《经济日报》2022年5月7日）

奉　公

《尚书·周书·周官》云："以公灭私，民其允怀。"奉公指的是奉行尊重公事，不徇私情，具体而言就是把国家利益和公共利益放在首位，顾全大局，不以权谋私、以私废公。早在3000多年前的先周时期，就产生了奉公去私的思想萌芽，儒家、法家、墨家的先哲们将其发展成为我国古代社会伦理道德的核心内容之一，即要求全社会成员必须把公义和公利放在私利与私欲之前，要做到先公后私、公而忘私、大公无私。奉公既是"公而忘私、国而忘家"（即先公而后私、先国而后家）的道德境界，又是中华传统美德，更是一种社会公德。

【历史典故】

周公摄政　大公无私

周公旦是我国西周初期杰出的政治家、军事家，他以国家利益为重，不计个人得失，勇于担当，是我国历史上奉公去私、大公无私的道德典范。

西周建立不久，武王病重，他考虑到成王年少，政权还没有完全巩固，兄弟当中周公声望最高，富有才干，准备把王位传给周公。周公婉言谢绝，表示将全力辅佐成王。武王逝世后，流言蜚语四起，尤其是周公的三哥管叔传言说，周公将不利于成王，要取代成王，篡权夺位，这下引起太公、召公等这样的重臣的猜疑。作为杰出的政治家，周公非常清醒，如果过分在乎自己的声誉，犹豫不决，就会被别有用心的人利用，对国家不利。因此，他毅然以国家大局为重，自己声誉为轻，不畏流言蜚语，担起重任，摄政代成王治理国家。

周公摄政之初，西周王朝正面临严重的内忧外患。内部，流言蜚语四起，人心惶惶，一整套治国安邦的新制度还没有建立；外部，东部的商王朝残余势力蠢蠢欲动，纣王的儿子武庚联合管叔等"三监"发动叛乱。周公先争取太公、召公等重臣的理解支持，然后率军东征，平息了外患；然后分封诸侯，巩固了疆域；营建东都洛邑，加强对东部地区的控制；制礼作乐，建立了一整套新的治理国家的制度。

周公摄政七年后，把一个政局稳定、制度完善、欣欣向荣、蒸蒸日上的国家交给了成王，自己功成身退。

【典故解读】

唐代大诗人白居易诗云："周公恐惧流言日，王莽谦恭未篡时。"周公作为一位德高望重的政治家，不可能不重视自己的声誉，不可能不在乎身后的毁誉，但他始终以公义为先、以国家利益为重，毅然担起历史重任。公与私的关系仍然是当今社会伦理道德的重大课题之一，比较敏感。古代社会把集体利益和个人利益绝对化地对立起来，个人利益无论合理与否，都一概加以排斥，这是不合理的。今天我们传承弘扬奉公这一社会公德时，要正确处理个人与集体利益关系，以大局为重，在维护集体利益的前提下，也应该维护个人的合法权益。

【传承弘扬】

河山未复　何以家为

岳飞是我国南宋时期杰出的军事家、诗人、著名的抗金名将。他文武双全，位列南宋"中兴四将"之首，是后世景仰的爱国英雄。

岳飞小时候尽管家境贫寒，但他胸怀大志，经常习文练武，异常勤奋，学得一身好本领。青年时期，东北地区游牧民族建立的金国入侵北宋，山河破碎，百姓流离失所。岳母深明大义，她教育岳飞要精忠报国，并把这四个字刺在他的背上，希望他终生铭记。

金国发动"靖康之变"，掳走了北宋的皇帝和朝中大臣，北宋灭亡。宋徽宗的第九个儿子赵构以临安（今浙江省杭州市）为都城，建立南宋政权，后世称赵构为宋高宗。金人继续南侵，企图统一全国。在这种情况下，岳飞毅然从军，积极报效国家。他作战勇敢、智勇双全，凭借自身的才能，很快成长为著名将领。他率领的军队纪律严明、作战勇敢，深受百姓爱戴，他们称之为岳家军。"冻死不拆屋，饿死不掳掠"成为岳家军的钢铁纪律。岳飞爱兵如子、指挥有方，岳家军作战勇敢、纪律严明，因此，常常打胜仗。金国元帅兀术感叹说："撼山易，撼岳家军难"，意思是打败岳家军比搬走一座山还要难！

岳飞和儿子岳云英勇善战，多次打败金国军队，保卫了国家和人民，为南宋立下了汗马功劳。宋高宗为表彰岳飞的战功，准备为岳飞建造豪华住宅，岳飞极力推辞，他说："敌未灭，河山未复，何以家为？"有人问岳飞，什么时候天下才会太平，他愤愤回答说："文臣不爱钱，武将不惜死，天下太平矣！"岳飞的理想是收复失地，迎回被掳走的皇帝，洗刷国家的耻辱。正如他在《满江红》词中所写："靖康耻，犹未雪。臣子恨，何时灭。驾长车，踏破贺兰山缺。壮志饥餐胡虏肉，笑谈渴饮匈奴血。待从头、收拾旧山河，朝天阙。"表达了恢复中原、收复失地的强烈愿望。

岳家军的强大引起了宋高宗的害怕，岳飞的主张与宋高宗苟且求和的想法更是背道而驰，加之岳飞功高震主，生性刚强，得罪了奸臣秦桧。后来，岳飞率领岳家军收复了大片失地，眼见胜利在望之际，却引起了宋高宗和秦桧的疑虑和猜忌，在一天之内颁发十二道金牌，责令岳飞班师回朝，岳飞悲愤地说："十年之功，毁于一旦。"在宋高宗的默许下，秦桧以"莫须有"的罪名在风波亭害死了岳飞父子，岳飞被害时，只有39岁。被害前岳飞悲愤地在供状上写下了："天日昭昭！天日昭昭！"八个大字。百姓们听闻岳飞遇害的消息后，痛哭流涕。

"青山有幸埋忠骨，白铁无辜铸佞臣。""人到宋后少名桧，我至墓前愧姓秦。"历史是公正的，百姓心中有杆秤。秦桧等人的跪像被设在西湖畔的岳飞墓前，落得千秋骂名、遗臭万年。岳飞精忠报国的爱国主义精神与大公无私的崇高品德，百世流芳，永远激励着后人。

历史上公而忘家的另一位著名将领是西汉名将冠军侯霍去病，他不到20岁就出击匈奴，年纪轻轻就立下了赫赫战功。汉武帝为了奖励他，表示要为他建一座豪宅，霍去病断然拒绝说："匈奴未灭，何以家为？"决心为国家消除边关隐患之后，才成家立室。这两句豪气冲天、公而忘家的豪言壮语2000多年来一直激励着无数青年才俊和仁人志士。

【学习践行】

敬老奉公的好干部

于玉宏同志任京当镇驸马庄村支部书记，他传承好家风，奉公守法、爱岗敬业、廉洁自律、乐于奉献，为干部群众作出了表率，为乡风文明建设作出了贡献。

敬老奉公，乐于奉献

多年来，于玉宏同志在工作中勤勤恳恳、任劳任怨，严以律己，不计得失，发愤完成上级下达的任务，做到了使领导满意、村民称赞。1986年，初中毕业后，于玉宏怀着扎根家乡，建设美丽乡村的梦想，凭着顽强的毅力，一心带领群众在致富的道路上探索、实践，为村民着想。2007年，驸马庄小学迁到新校，原校荒废，时逢国家养老政策出台，他积极联系上级有关部门争取项目资金，还在社会上筹捐资金。2014年，建成全镇第一所幸福院，解决了20多名孤寡老人的生活问题。2018年，村支部换届，他被党员大会高票选举为支部书记。上任后，他积极贯彻落实国家精准扶贫政策，对六户贫困户危房进行改造，这为他们早日脱贫打好了基础。施工中，他身体力行，强化质量管理，贫困户非常满意，并受到上级的好评。

关爱家人，和谐家庭

家庭和谐是社会和谐的基础，而夫妻和睦又是家庭和谐的前提。于玉宏同志结婚20多年来，和妻子没有红过一次脸，家里总是充满着和谐的气氛，笑声不断，得到街坊邻里的羡慕和赞扬。他的父亲88岁，生活基本不能自理，他的妻子常常给老人端吃端喝、洗脚洗头，拆洗被褥，把老人护理得干干净净、精精神神，受到了邻里的赞扬。

热心公益，回报社会

和谐家庭不但要求在家庭中与家人和睦相处，在社会上做一个对社会有益，遵守社会公德和职业道德，传承和弘扬家庭美德的公民。近年来，在公益事业建设方面，他累计出资20多万元，为村上硬化道路。村里村民家庭需要帮助，他总能雪中送炭，尽力帮助。有位村民，家中遭遇困难，他无偿捐资近万元，帮助这个家庭度过灾难。

二十几年来，于玉宏和妻子奉公守法、孝亲敬老、爱岗敬业、乐于助人，他们以自己的行动，教育子女孝老爱亲，乐善好施，做对社会有贡献的人。孩子们在他们的影响下，个个品学兼优，事业有成，他们的家庭也被评为"好家风示范户"，成为干部群众学习的好榜样。

（《岐山好家教好家风风采录》）

守　法

《管子》云："法者，天下之程式也，万事之仪表也。"强调守法对国家长治久安的重要作用。守法指的是遵守法律或法令。我国是世界上最早制定法律的国家，相传与尧、舜、禹齐名的"上古四圣"中的皋陶主持制定了历史上第一部刑法《狱典》，并构建了最早的司法制度体系，被后世尊为司法鼻祖。召公曾在甘棠树下设流动法庭，为百姓解决诉讼。西周穆王时，吕侯制订了我国第一部成文法典《吕刑》。春秋战国时期，法家先哲推动了法治思想的大发展，使其成为一种重要的治国思想。古代政治家们主张"刑期于无刑""德主刑辅"，将法治与德治结合，以促进社会和谐，实现天下大治。在现代社会，遵纪守法既是中华传统美德，更是一种社会公德。

【历史典故】

画地为牢　遵纪守法

在先周时期，周国在文王的治理下，民风淳朴，百姓遵纪守法，安居乐业。如果不小心触犯了法律，执法官吏就用木棍在地上画一个圈做牢房，木棍做看守，犯人站在圈子里也不会偷偷逃跑。

相传，周国都城外住着一个叫武吉的樵夫，他以打柴为生，与母亲相依为命。有一次，武吉挑着一担柴进城去卖，不小心被后面的人挤了一下，后边的柴捆掉在地上，扁担失去了重心，甩过来打死了前边的行人。执法官画了圈，让武吉进去坐牢。天色晚了，武吉想到家中的老母无人照顾，就抱头痛哭。恰好文王遇见了，问明了原因后，就让武吉回家安置好母亲，再回来坐牢。武吉安置好母亲后，并没有逃跑，而是遵守法律，继续回来坐牢，可见当时人们非常守法。

后来，西周建立后，周公制礼作乐，制度更加完善了，出现了"成康之治"的盛世。到了周穆王晚年时，刑法混乱，社会秩序很不好，诸侯和百姓们意见很大。当时有个贤德的诸侯，人称吕侯，他担任丞相时，向穆王建议完善刑法。穆王同意后，召集诸侯大会，大家进行讨论，然后由吕侯整理成条文，用天子的名义发布，要求四方百姓必须遵守，这就是西周历史上著名的《吕刑》，它是我国历史上最早的系统性刑法文献。《吕刑》条目清楚、奖罚分明、非常完善，大家都乐于遵守，社会很快稳定下来。

【典故解读】

武吉自觉返回"牢"中，接受法律裁决，吕侯整理修订《吕刑》，稳定社会秩序。这些都反映了国家制定法律和人民遵守法律对社会秩序和国家稳定的重要性。"刑不上大夫，礼不下庶人。"这体现了在我国古代社会，法律是君主约束臣民、维护统治的工具，具有不平等性，但也强调"王子犯法，与庶民同罪"，体现了一定的公平性和守法的重要性。现代的法律是国家维护公民合法权益、社会公平正义、公共秩序和国家长治久安的根本保证。在今天，守法是公民基本道德规范之一，学法、知法、懂法、守法是每位公民应尽的义务。守法最基本的要求就是依法办事，依法享有法律赋予的权利，依法行使自己的权利，依法承担责任履行义务。

【传承弘扬】

李悝自刎　舍身护法

李悝是战国初期著名政治家、法家学派的早期代表人物，曾任魏相一职。他在魏国推行的变法是战国时期变法运动的开端，经过变法，魏国很快成为战国初期的强国，由此引发了我国历史上第一次轰轰烈烈的变法运动，对后世产生了深远的影响。

为进一步推进魏国的变法运动，巩固变法成果，李悝汇集各国法律，进行对比选取，编成《法经》一书，请魏国国君魏文侯向全国公布，以法律的形式肯定了变法、巩固了变法成果。《法经》成为我国古代历史上第一部比较完整的法典。

李悝不仅担任魏相，还担任大法官一职。因此，他要求魏国上下都要严格遵守《法经》，自己更是以身作则，率先垂范。有一次，李悝审理一件案件时，在审讯过程中，犯人招认了三年前的另一件谋杀案。这本来是一件值得庆幸的事情，但李悝听后，脸色变得煞白，浑身颤抖，直冒冷汗。原来三年前的那件谋杀案就是李悝亲自审理的，凶手在三年前被判处死刑，已处决结案。现在正在审理的犯人却招供出他就是三年前那件命案的杀人犯，这意味着三年前判定的那件命案是冤案，因为自己的疏忽处死了无辜的人。李悝深感内疚，越想越自责，依照《法经》条文这是死罪。为了维护法律的权威，为天下人做好守法表率，李悝在遗书中讲明案件的来龙去脉后，自刎谢罪，用生命来维护法律的威严。

古代刑不上大夫，李悝并没有享用这一特权，而是用自己的生命捍卫了法律的威严，以实际行动为天下人树立了遵纪守法的榜样。东汉末期杰出的政治家、军事家曹操在行军过程中，触犯法令，就"割发代首"，也成为守法的典范。

【学习践行】

法律的坚定捍卫者

闫海兵，男，陕西博鼎律师事务所执业律师、党支部书记。中华全国律师协会会员，陕西省律师协会政府（企业）法律顾问委员会委员，陕西省普法志愿者协会会员，宝鸡市律师协会劳动与社会保障委员会委员，宝鸡市维护青少年权益律师服务团成员。在执业过程中，闫海兵遵循"遵纪守法、求真务实、敬业奉献"的服务宗旨，认真服务于当事人，服务社会，全心全意维护着当事人的合法权益。

作为一名执业律师，闫海兵在办案过程中，始终把提高服务质量、注重社会效益和社会稳定放在首位，急当事人之所急，忧当事人之所忧，无论案件大小都一视同仁。对于当事人的各种咨询，他都会不顾工作繁忙，耐心细致解答，尽力帮助。闫海兵在所居住的区域内，热心服务周边群众，小到家庭琐事，大到各类法律案件，群众登门请教，请他出主意，他每一次都会耐心劝解、解答。许多当事人被他的敬业、专业、热情和真诚所打动，对他的感激之情溢于言表，对此他只是谦虚的一笑。他时刻把树立律师在社会公众心目中的良好形象作为追求目标，时刻把为当事人分忧解难作为自身责任。因为他知道，对法律工作者来说，以人为本是核心。他觉得，坚定不移地为当事人提供周到专业的法律服务，不计得失地维护当事人的合法权益是一名律师义不容辞的责任。

严格遵守法律法规　认真履行党员义务

闫海兵进入律师事务所以来，始终以法律法规严格约束自己，经常自觉衡量自己的行为是否符合执业纪律，有无违背职业道德。2012年加入党组织以来，闫海兵更加严格要求自己，以党员的标准来检验自己的工作和行动，坚持做到不违背原则，时刻做个合格党员，为社会和群众提供保质保量的法律服务。自去年担任党支部书记之后，闫海兵自觉行动，及时完成上级党组织安排的各项学习和工作任务，并带领全体党员，以"两学一做"学习教育为契机，加强党性教育，开展党员作风和日常工作学习教育，率先垂范，把党员的先进性深入到律师工作中去。今年，闫海兵组织党员认真开展"三会一课"，并多次参加市、县党员干部教育培训和考核，提升党务工作能力和党性修养，为进一步推进"两学一做"学习教育常态化、制度化做出自己不懈的努力。

以坚定信念为先导　不断强化执业素质

"工欲善其事，必先利其器。"闫海兵始终把坚持不懈地学习作为提高自身素质的根本动力和第一任务，把形势政策学习、摸清社情发展等作为学习的一个重要方面。除了平时的工作学习之外，还充分利用业余时间通过网络学习，借鉴其他律师办案技巧，扩充法律知识储备量。此外闫海兵踊跃参加省内外的各种自费业务培训，先后几次赴北京、成都、西安等地参加培训学习，提升自身执业水平和能力，为社会和群众提供高效、优质的法律服务。

以优质服务为己任　创造"零投诉"纪录

闫海兵始终坚持以服务群众、化解矛盾纠纷为己任，自觉用党的宗旨和社会主义法治理念指导实践。他承办的所有诉讼案件及非诉讼法律事务，不仅没有丝毫违纪问题，而且做到"零投诉"，当事人都非常满意。

在承办"甘肃庆阳轮胎爆炸致人死亡赔偿案"时，起初责任方只愿支付1.6万元丧葬费作为对受害者家属的补偿，庆阳当地律师也不肯接受委托。此种情况下，闫海兵大胆接案，到达庆阳西峰区之后，利用五天时间先后走访了西峰区安监局、后官寨派出所，并前往西峰区车管所调查了涉案车辆的投保情况，以及向当地知情群众调查，收集了相关证据。随后闫海兵写好《诉前财产保全申请书》，向西峰区法院申请对涉案车辆进行财产保全，促使责任方先期支付2万元。又通过宣讲法律法规，打消了受害者家属继续上访的念头。通过收集大量的证据和案例，在后期艰难的诉讼程序中，法理情理并重说服合议庭，最终市法院支持受害者家属的诉讼请求，判决由责任方赔偿受害者家属26.5万元。然而一审宣判后涉案车辆投保的两家保险公司均提出上诉，闫海兵继续给受害者家属代理二审诉讼，二审法院经过审理维持了一审判决，最终受害者家属顺利领到26.5万元的赔偿款。这一案件的诉讼代理，表现了闫海兵高度的责任心和高超的执业技巧，保障了受害者家属的利益，消除了社会不稳定因素，成为西峰区行业内的经典案例。

热心社会公益　积极投身法律援助工作

闫海兵热心社会公益，积极参加社会公益组织，认真办理法律援助案件。执业以来已为社会群体提供上千次网络、电话及当面无偿法律咨询，办理70余件法律援助案件，为弱势群体维护和挽回经济损失近千万元，用真情和实际行动彰显了一名律师的社会责任。尤其是在承办"高某某诉陕九医院医疗过错损害赔偿案""高某某诉金洹亿公司工伤赔偿案"等社会弱势群体的维权案件时，想方设法为当事人争取最大权益，案件结果获得当事人的满意和好评。

特别是闫海兵在承办"学生于某交通事故索赔案"时，不辞辛苦几次赴西安寻找肇事车辆所属单位，以及在西安市车管所查询肇事车辆投保情况，通过闫海兵的法律援助，于某获得了合理的赔偿款。该案办结后，适逢省司法厅主管法律援助的主要领导和省律师协会领导来岐山县检查工作，听了闫海兵汇报办案情况后，省厅领导和省律协领导对闫海兵认真负责，热心和细致的工作作风表示赞赏。

作为一名热心公益的人，在接待的代书和咨询业务中，对于符合法律援助条件的当事人，闫海兵积极联系和推荐申请法律援助，既减轻了当事人的诉讼负担，也提升了法律援助案件数量。

闫海兵坚持以人为本，开拓创新，积极提供免费法律咨询，为群众排忧解难，不畏难，不惧苦，凭借自己的聪明睿智和勤奋努力，在律师事业中乘风破浪，作出了自己的贡献。

积极落实政策法规　努力完成工作任务

闫海兵对于各级司法行政机关和律师协会的文件要求、工作安排，积极行动，认真落实，并积极参加省、市律师协会组织，为律师行业的发展建言献策。从"三官一律进社区"活动，到律师为乡（镇）政府及司法所担任法律顾问，以及去年开始实施的"一村（社区）一法律顾问"活动，闫海兵虚心接受组织安排，积极开展服务工作，先后为中小学生、农村（社区）、企业等开展法制讲座10余场次，努力履行律师的职责，为推进法治社会建设贡献力量。

（岐山县司法局）

明　礼

《礼记·曲礼》云："人有礼则安，无礼则危。"强调了明礼的重要性。明礼通俗地讲就是讲文明、懂礼仪、知礼节。礼仪对于国家和民族而言，是文明程度、道德风尚与生活习惯的生动体现，是一种社会公德。我国自古以来就有"文明古国，礼仪之邦"之美誉，周公制礼作乐后，礼乐文化成为周文化的重要组成部分，并对后世产生了深远的影响。《论语·尧曰》篇讲："人无礼，无以立。"知礼、明礼、守礼不但是中华传统美德之一，而且是个人文明素质和道德修养的具体体现，更是一个人立足于社会的前提。

【历史典故】

梦见周公　尊崇周礼

孔子是我国春秋时期的大思想家、大教育家和儒家学派创始人，他继承了周公的思想，创立了儒家学派。汉武帝"罢黜百家，独尊儒术"之后，儒家思想成为我国封建社会的正统思想。孔子被后世帝王和士大夫们推崇备至，尊为"大成至圣先师""万世师表"。

孔子生活在礼崩乐坏的春秋时期，当时社会动荡、礼崩乐坏、战乱频繁，百姓流离失所。对此，孔子忧心忡忡，他主张结束战乱，恢复西周的礼仪制度，用礼仪制度维护社会秩序，实现天下太平。在社会急剧变革的春秋时期，孔子的主张不合时宜，他曾周游列国，主张得不到采纳，四处碰壁。孔子晚年回到故乡鲁国，从事教育和整理典籍等工作。

孔子一生非常崇拜周公，尊崇周礼，他常讲："周监于二代，郁郁乎文哉！吾从周。"（《论语·八佾》）孔子还经常梦见周公，体现了他对周公无比崇敬之情，以及对周礼的无限向往。孔子晚年时感叹自己衰老了，很久没有梦见周公，因此而感到非常遗憾，经常感叹道："甚矣吾衰也！久矣吾不复梦见周公！"（《论语·述而》）其言外之意表达了对当时礼乐制度遭到破坏而感到十分痛心和无比失望。

【典故解读】

梦见周公，体现了孔子对周公和周朝礼仪典章制度的无比尊崇，以及对礼仪维护国家稳定和社会秩序重要性的深刻认识。孔子讲："道之以德，齐之以礼，有耻且格。"礼仪不仅体现了一个人的修养，而且是一种治国理政的思想理念。在今天，明礼是一种社会公德，就是要了解并遵守现代文明礼仪，践行社会主义核心价值观，讲文明话、干文明事、做文明人。

【传承弘扬】

曾子避席　礼敬师长

曾子，姒姓，曾氏，名参，字子舆，我国春秋时期杰出的思想家，儒家学派的重要代表人物，孔子晚年最得意的弟子之一，位列七十二贤，非常尊师重礼，被后世尊为"宗圣"。

有一天，孔子正在家里与几个弟子谈话，忽然有客人拜访，孔子连忙让学生回避。一位长衫高帽的客人进来后，走到孔子跟前，向孔子行礼问安，孔子连忙起身回礼道谢。客人随后坐到孔子身边，迫不及待地向孔子请教问题，说话时，手已经碰到了孔子的衣服。孔子觉得这位客人不懂礼貌。按照当时的礼仪，主人请坐后，客人才能坐下，主人问话后，客人才能讲话。但这位客人不等孔子问话就滔滔不绝地讲起话来。孔子仍然遵从礼仪，耐着性子听客人把话说完，然后送客人出门。

孔子刚送走客人，弟子曾参前来拜访孔子，他同样坐到孔子旁边，觉得这样更能亲近老师。孔子不希望曾参也像客人一样不懂礼貌，就坐下来问曾参："以前圣贤的君王有至高无上的德行，精要奥妙的理论，用来教导天下之人，人们就能和睦相处，君王和臣下之间也没有不满，你知道它们是什么吗？"曾参听后，明白老师是要指点他最深刻的道理，于是立刻从坐着的席子上站起来，走到席子外面，恭恭敬敬地说道："我不够聪明，哪里能知道呢，还请老师把这些道理教给我。"这就是"曾子避席"的典故。

在我国古代社会，"避席"是一种遵守礼仪、礼敬师长的礼貌行为，当曾子听到老师要向他传授知识时，站起身来，走到席子外向老师请教，是为了表示自己尊崇礼仪，以及对老师的尊重。

【学习践行】

岐山县传承发展周文化综述

三千年前，周文化在此诞生，为中华文明奠定基础，三千年后的今天，踏上新征程的岐山人将古老的文化不断传承、发展、创新，"厚德、仁爱、包容、求实"的岐山精神在新时代发展建设大潮中，绽放出更加夺目的光辉，为大美岐山增添一抹绚烂色彩。

手捧文化遗产　讲好当代故事

岐山县地处陕西关中西部，历史文化底蕴深厚，是周文化的发祥地，是炎帝生息、周室肇基之地，素有"文武圣地""周公故里""礼仪之乡""青铜器之乡""转鼓之乡""陕菜之乡"和"民间文化艺术之乡"的美誉。

丰厚的文化遗产是先人对岐山这片热土的慷慨馈赠，如今的岐山，如何利用好这笔遗产，如何让传统文化在新时代助力经济社会发展，如何让周礼文明之光穿越三千年照亮当代？这是岐山人值得思考的问题，也是能够大有作为的领域。

岐山县委书记杨鹏程说："岐山是周文化的发祥地。周文化影响了周以后近3000年的中华文化史，传承好、传播好周文化意义深远。要深入挖掘研究周文化时代内涵，丰富周文化时代价值，不断提高周文化的影响力，为做活周文化、推动岐山高质量发展作出应有的贡献。"

在县委、县政府的坚强领导下，近年来，岐山县以"做大一碗面，做活周文化"为抓手，有力推进周文化创造性转化、创新性发展，持续深化传承弘扬工作，构建岐山人民精神堡垒，有力促进了社会主义核心价值观落地生根，周文化传承弘扬工作取得了前所未有的成果。

多年来，岐山县依托本地深厚的周文化资源优势，充分发挥基层文化主阵地作用，让周礼文化在广大人民群众中生根发芽。

持续多年开展的"岐山之夏""凤鸣大讲堂"等文化活动，在群众中树立了良好的口碑，现已成为岐山县重点打造的公共文化服务品牌项目，其中"岐山之夏"荣获陕西省公共文化优秀群众文化品牌称号；投资300余万元，历时两年编排的大型秦腔廉政历史剧《甘棠清风》在省戏曲研究院剧场、第九届陕西省艺术节舞台和岐山大剧院进行展演，受到省内外文化、戏曲界专家、学者、名家，以及广大观众的一致好评；2013年至今，全县出版研究专著及与周文化有关的书籍14本，《周文化丛书》《周公演义》《品味岐山》《诗经与岐山》等著作发行全国各地，产生了较大影响……

对家乡的热爱、对周文化的眷恋，让岐山人继承了传统、盘活了历史、讲好了故事。

传承周礼遗风　融合时代精神

"每天早上，我出门第一件事就是打扫村里的街道、管护路旁的绿化苗木。我是老党员了，退休在家也得发挥共产党员的本色，为村里多作贡献。"10月18日，凤鸣镇堰河村村民李积虎在自家小院里对笔者说。

李积虎今年75岁。两年前，村上开展党员义务认领岗位活动，他和村上的80多位老党员争先恐后地认领岗位，参与村上的保洁、苗木管护、设施维修等义务劳动，老党员的无私奉献不仅让村容村貌焕然一新，也为村里营造了爱岗敬业、勤劳致富、诚信友善的文明新风。

堰河村支书杨亚周说："堰河村受周礼文化熏陶，民风淳厚。在新时代的精神文明建设中，村民又受到社会主义核心价值观的教育，传统的民俗民风得到继承和发展。"

来到京当镇小强村，弘扬传统文化的广场很是引人注目：文化长廊上镌刻着以孝老爱亲为主题的文字、图片、漫画，六根灯杆上有"崇尚美德、弘扬孝道、千经万典、孝悌为先"经典语句和《诗经》名言摘录；广场最核心的部分是善行义举榜，记录着省、市和村上评选的道德模范和好媳妇好婆婆的先进事迹。多年来，小强村围绕传统节日和古会庆典，连续举办4届"九九重阳节"活动，为80岁以上老人办"百叟饺子宴"等活动，让老年人感受社会大家庭的温暖。

蒲村镇蒲村村将"仁者爱人""尊贤敬老"等传统文化与本村各姓氏老家训结合，推出村民共同遵守的如"处世以谦让为贵，做人以诚信为本""勤为本，德为先，和为贵，学在前"等社会主义新家训新家风。

周文化的传承、弘扬与创新，让岐山大地处处绽放文明之花。

多年来，岐山县涌现出勇救落水儿童的英雄侯天祥、用爱撑起一个家的"95后"女孩现水玲、坚持十余年参与志愿服务的"最美志愿者"李文军……据统计，2015年以来，全县累计涌现出各类典型731名，道德模范77名，十星级文明户4619户，中国好人、陕西好人12人，文明家庭12户。县上通过举办颁奖晚会，开展"传承周礼优秀文化，讲好岐山故事"大赛等形式，表彰和宣传各类道德典型，在全县形成崇尚好人、学习好人、争做好人的良好道德风尚。古老的周文化已化作新时代精神文明的春风，悄然吹遍岐山城乡的每个角落。

深挖文化内涵　助力经济腾飞

传承发展周文化，岐山收获的不只是民风淳朴、社会和谐、环境文明，这股无形的力量在经济社会发展中更是带来了有形的财富。

提起岐山，多数人会很自然地想起臊子面，这碗面差不多与周文化同时起源。三千年后，周朝的文化习俗、礼仪教化仍凝结在岐山人的一碗臊子面中。如今，岐山人做臊子面更注重的是文化二字。在中国岐山臊子面文化产业园，游人不仅能品尝地道的臊子面，更能感受浓浓的周文化。产业园与旅游产业紧密结合，把岐山臊子面打造成旅游商品，为提升品牌文化赋能，开设岐山臊子面民俗文化展示馆，作为弘扬周文化的窗口、讲好关中故事的舞台，打造出陕西餐饮文化的金名片。

有了"文化味"，臊子面更加香飘万里。如今，岐山臊子面不仅在网上销售火爆，遍及全国，更是远销日本、新加坡、美国等，悠久的周文化便随着一碗碗臊子面滋养了国人、影响着世界……2021年，岐山"一碗面"经济总产值达到143亿元人民币，从业人员9.3万人，已成为县域经济发展的重要支撑。

青化镇焦六村依托"周礼之乡"的资源优势培育了诚信友善的民风、文明和谐的村风，这些"软实力"吸引企业不断上门寻求合作。目前，焦六村已与宝鸡绿锦农业发展有限公司合作，开发建设创意农业园项目，项目以周礼教化区、民宿餐饮区、果蔬采摘区等六大主体为核心，打出组合牌。此外，焦六村还成立劳务公司，组织群众到驻村企业务工，让群众在家门口就能获得收益……这都是村容村貌提升和村民素质提高带来的结果。"乡风好了，外面来的企业也就多了，人们的收入也就提高了。"焦六村党支部书记傅德善深有感触地说。

"今与古，一脉延。提素质，德才兼。曲虽异，却同源……"走进岐山县城关小学，天真活泼的孩子正在背诵学校创作的《新三字经》。听着琅琅读书声，三千年前的周礼之光清晰出现在眼前；看着祖国的花朵，周文化的未来更加值得期待……

（黎楠《宝鸡日报》）

尊 师

《荀子》云："国将兴，必贵师而重傅。"尊师就是尊敬师长、尊敬老师。在我国历史上，教师是最古老的职业之一，教师以"传道、授业、解惑"为己任，是文明的传承者和文化的传播者。《礼记·学记》云："大学之礼，虽诏于天子，无北面，所以尊师也。"又云："师严然后道尊，道尊然后民知学。"尊师重教既是中华传统美德之一，又是中华民族的优良传统之一。古人供奉"天地君亲师"，体现了中华传统文化中"敬天法祖、孝亲顺长、忠君爱国、尊师重教"的伦理思想。在当今社会，从广义上讲，老师不仅仅是传授文化知识的人，还包括传授技术的教育者，以及精神思想上的导师。尊师是一种非常广泛的社会道德规范，也是一种社会公德。

【历史典故】

燕伋望鲁 尊师重道

燕伋是我国春秋时期杰出的思想家、教育家，西周开国元勋召公奭后裔（召公奭被周武王封于燕，故其后人以国为姓），孔门七十二贤之一，渔阳（今陕西省千阳县）人，被后世尊为"先贤燕子"，历代配祀于孔庙之中。

燕伋自幼聪明好学。青年时听说孔子在鲁国讲学，心中很仰慕，便不远千里来到鲁国拜孔子为师，曾追随孔子问礼、学礼，考察周朝的社会制度和道德规范。学有所成后，回到家乡讲学，传播儒家学说，为西部地区培养了大批人才。中年时期，他再次离开家乡，追随孔子在鲁国全面学习齐鲁文化，后来又回到家乡讲学。

燕伋在家乡讲学期间，非常思念自己的老师孔子。每当他思念恩师时，总会来到学堂后边的高处登高望鲁。为了看得更远一些，他每次用衣襟掬一些黄土垫在脚下，就这样日复一日、月复一月、年复一年，数年之后便堆成了十几米高的土台。人们为了纪念燕伋，将这座土台命名为"望鲁台"。后来，又被后世赞誉为"中华尊师第一台"，燕伋也被誉为"中华尊师第一人"。孔子的儿子孔鲤去世后，为了安慰老师，燕伋不顾年事已高，第三次来到鲁国，随侍孔子身边四年。孔子逝世后，燕伋又为孔子守墓三年，然后才回到家乡，这时他已是65岁的老人了。

古人云："一日为师，终身为父。"师生关系为人伦大道之一，尊师重教自古以来就是中华民族的优良传统。沧海桑田，两千多年过去了，望鲁台虽历经无数沧桑岁月和风雨侵蚀，但燕伋以其思师、念师、感师、敬师、尊师之大德，用实际行动为中华民族、为后人树立起了一座风雨永远无法侵蚀的丰碑。

【典故解读】

燕伋尊师的精神风范，为后世树立了尊师重教的千秋典范，千百年来，熏陶教育了无数学子，这种精神在今天仍然有着极为重要的教育意义。古人尊师重教、强调师道尊严难免有绝对服从的封建伦理等级烙印，这在今天是不可取的。古人讲："尊师以重道，爱众而亲仁。"今天我们弘扬尊师公德，首先要尊重老师"传道、授业、解惑"的劳动成果，以及学识与人格尊严；其次，对老师要恭敬有礼，敬爱有加，做到口敬、身敬、心敬；再次，要以正确的态度对待老师的批评教育；最后，要在全社会营造良好的尊师重教氛围，以及全面、公正、客观的舆论环境。

【传承弘扬】

程门立雪　尊师典范

杨时是我国北宋时期杰出的思想家、文学家、政治家，人称龟山先生。他学识渊博，为官清正廉洁，在理学发展过程中起到了承前启后、继往开来的作用，为理学的发展、南传和中华文化的传播作出了重要贡献。

杨时在洛阳先拜当时著名的学者程颢为师，他虚心好学，进步很快，对老师十分尊敬，师生之间感情非常深厚。后来，杨时回福建老家时，老师程颢为他送行，临行前对他说："你回家后，我的学说将会在南方传播。"这既是老师对他的期望，又是对他学识的肯定。四年后程颢病逝，杨时听说后非常伤心，在家设了老师的灵位痛哭祭拜，并召集师兄弟们一起祭奠恩师。

后来，在40岁时，他又拜程颢的弟弟程颐为师。有一年的冬天，天空彤云密布，寒风凛冽，眼看一场大雪就要降临。午饭后，杨时约同学游酢一起去老师家请教问题。来到程家门口，守门人告诉他们，程颐正在屋内午休。杨时不愿打扰老师休息，便与游酢一声不响地站在房门外，恭恭敬敬地等候。一会儿，天上下起了鹅毛大雪，越下越大，两人站在门外，头上飞舞的雪花和呼啸的寒风冻得他们浑身发抖，但他们仍旧站在门外等候着。程颐睡醒后发现杨时和游酢站在门外雪地里，便赶快叫他们进来，这时候门外的雪已经有一尺多深了。

杨时与游酢这种尊师重道的高尚品德，受到了人们的赞扬和学习。

正由于他们能够尊敬师长，虚心求教，所以学业进步很快，后来杨时和游酢都成为我国北宋时期著名的理学家。

【学习践行】

侯忠的岐阳书院情怀

侯忠先生是京当镇岐阳村人，一位周文化爱好者。初见侯忠先生时，他已经85岁了，精神状态很好，中气十足，声若洪钟，看起来最多70出头，从他身上，我深刻感受到中华民族尊师重道的传统美德。侯忠先生每谈及岐阳书院创办者金怀玺先生时，无限怀念和敬佩之情油然而生、溢于言表。金怀玺先生是侯忠先生的授业恩师，岐阳书院是他启蒙受教的私塾。

侯忠先生小时候，父辈们为了谋生，举家从岐阳村迁往麟游县生活了八年之久，后来又回到了岐阳村。当时岐阳村里没有村小，周边村子也没有学校。邻村小强村的金怀玺先生是当地的饱学之士，他为了让周边村民的孩子有学可上，便利用岐阳村三王庙的房舍，办起了岐阳书院。这是一所私塾性质的书院，教授的方式和内容都是传统的，小一点的孩子主要学习《三字经》《千字文》《千家诗》等启蒙读物，大一点的主要学习"四书五经"等。入学时，学生在老师的带领下先要拜孔子像，还要向老师奉上束脩（即学费，当时为几斗麦子），侯忠先生当时就读于岐阳书院。

"我识的字全是金怀玺老师教的，金怀玺老师对学生非常严厉。我们每天上午主要是背书，下午习字，书背不下去就要挨板子，板子这么厚（大约5厘米左右）。"侯忠先生一边说，一边用手比画着，说起金怀玺老师，他语气中流露出浓浓的敬佩和感激之情，这是对金怀玺老师的无比尊重和无限怀念。

"那金老师用戒尺惩戒过您吗?"我随口问了这个问题。

侯忠先生笑了笑说:"我挨过金老师的不少板子了,有一次,我把书没背下去,他把我的手都打得这么厚,肿了好几天。"侯忠先生笑着用手比画着。

联想到当下的师生关系,我心中一动问道:"那您恨过金老师吗?"

"没有,从来没恨过,金老师惩戒我是为我好。"老人想都没想果断地给出了答案。他接着说:"过去人们逢年过节都要拜写着'天地君亲师'的牌位,家长和学生都非常尊敬老师,这是中华民族的优良传统,也是一种美德,无论什么时候都不能丢啊!"

说起金老师和岐阳书院来,侯忠先生兴致很高,既怀念又敬佩。"当时陕西省国民政府主席熊斌还为岐阳书院题写了匾额。""金老师的毛笔字写得很好,作的对子也很工整。"侯忠先生一边说着随口背诵出金怀玺先生当时在岐阳书院撰写的几副对联来,这让我惊讶不已。

侯忠先生告诉我,如今在岐阳书院读过书在世的只剩下他们四五个老人了,都过了80岁了,谈起金老师,他们几个都非常怀念,无比尊敬。

(马庆伟《凤鸣岐山》第18期)

敬　老

《孟子·梁惠王上》云:"老吾老,以及人之老;幼吾幼,以及人之幼。"敬老是指尊敬、关心、照顾和帮助老人。敬老是周文化的核心思想理念之一,也是先周时期周国境内良好的社会风尚。中华民族自古就有"年以齿尊,贤以德叙"敬老尊贤的优良传统,我国古代历来提倡"安天下之父母、尊天下之有德、敬天下之老人",即对老者、长者与德高望重的人必须奉养、尊敬、礼让、照顾与帮助。俗话说:"家有一老,如有一宝",在古人的心目中,老人是家庭和国家的祥瑞。敬老的优良传统既是中华民族薪火相传、兴旺发达的重要原因，又是中华传统美德之一。在老龄化快速发展的今天，敬老更是一种社会责任与公德。

【历史典故】

敬老建堂　德孝典范

周文王治理周国时就以德孝仁爱、敬老尊贤、礼贤下士而闻名于诸侯，他对老人们都十分尊敬。在当时周国境内，社会上形成了敬老尊贤的良好风尚。

周文王当太子时就非常孝敬父母，留下了"寝门视膳"的佳话。他即位后，在周国境内倡导敬老尊贤的风尚，天下贤士听说后，纷纷前来投奔。周国的强大引起纣王的害怕，他把文王囚禁在羑里好几年，周国向纣王及宠臣送了大量的财物，纣王才释放了文王。

文王回到周国后，每当想起国仇家恨和先辈们创业的艰辛，常常伤心不已。尤其是想到父亲被商王文丁害死，伯父太伯、仲雍为了顾全大局，离开国家和亲人，到南方荆蛮之地生活，自己不能尽孝心，心中内疚、痛心不已。文王又想到纣王嫉贤妒能、不敬老人、残害忠良、鱼肉百姓，导致朝歌城内老人和贤士逃亡，他们无依无靠，可以把他们和国内的老人奉养起来。这样，一来可以使他们衣食无忧，老有所养；二来可以在社会上形成尊老、敬老的良好风尚；三来可以提高周国在诸侯中的威望；四来就像自己的老人在身边一样，心里能够舒坦一些。于是，文王下令在国内选一块好地方，修建了宽敞、明亮的敬老堂，敬老堂内饮食家具等一应俱全，专门奉养国内外无家可归、无依无靠的老人。这样一来，天下无依无靠的老人纷纷投奔周国，他们之中不乏贤才之士。周文王在诸侯中的声望更高了，天下的贤士们得知后，也纷纷归周，周国更加强大了。后来，天下三分之二的诸侯都归附了文王。

【典故解读】

周文王以身作则，推己及人，把别人的老人当作自己的老人来奉养，他尊老、敬老、爱老、助老的德行感化了世人，赢得了天下诸侯的归心。在老龄化日益严峻的今天，更应该继承这一传统美德，按照"老有所养、老有所医、老有所为、老有所学、老有所教、老有所乐"的老龄工作目标，在整个社会形成敬老、尊老、爱老、助老的良好风气。树立"善待今天的老人就是善待将来的自己"的观念，一方面老人应该自尊自爱；另一方面敬爱老人要注重礼节和礼貌、奉养老人要周到细心、关爱老人要尊重他们的思维方式和生活习惯。在今天，敬老要从自身做起，从身边小事做起，从现在做起。

【传承弘扬】

孝亲敬老 帝王楷模

汉文帝刘恒是汉高祖刘邦的第四个儿子，著名的"二十四孝"之一，我国封建社会第一个盛世"文景之治"的开创者。

汉文帝以仁孝治国，非常孝敬自己的母亲，善待天下的老人，在当时社会上竖起孝亲敬老的良好风气。有一次，母亲薄太后生病了，汉文帝就在床前衣不解带，精心照顾，每次端来汤药，他都要亲自尝一尝，看烫不烫，然后亲自喂给母亲喝。薄太后很感动，说："你是皇帝，平日里国事很多，不需要这么劳苦来亲自照顾我，我这里有宫女照顾就行了。"汉文帝听后跪下来说："如果孩儿不在母亲活着的时候孝敬您，那么什么时候才有机会报答您的养育之恩呢？"这就是二十四孝中"亲奉汤药"的典故。

汉文帝对孝亲敬老的普通人也能够进行表彰，从而推动良好社会风气的形成。有一次，有个叫淳于意的名医犯了罪，要被处以残酷的肉刑（即在犯人脸上刺字、割掉鼻子或砍断手脚的刑罚）。淳于意的小女儿缇萦上书汉文帝说："我父亲因获罪要被处以肉刑，受刑的人不能再长出手脚和鼻子，想改过自新也不可能了，我愿意去官府做奴婢替我父亲赎罪，让他改过自新。"汉文帝被缇萦的孝心所感动，于是下了一道诏令废除了肉刑。更难能可贵的是，汉文帝能够推己及人，将孝敬自己母亲的心思普及到善待天下的老人。他下了一道诏令：规定年过80岁的老人，由朝廷每个月送米1石、肉20斤、酒5斗；年过90岁的老人，由朝廷每个月送米1石、肉20斤、酒5斗、帛2匹、絮3斤。所有赠送的物品由地方长官亲自查看、赠送。90岁以上的老人的物品，由地方最高官员亲自赠送；80岁以上的老人的物品，由其他官员亲自赠送。这样一来，在社会上形成了敬老、尊老、爱老、助老的好风气。

汉文帝孝亲敬老的德行为当时树立了标杆，成为官吏、百姓们学习的榜样，在社会上形成了良好的风气，为"文景之治"的开创营造了良好的社会氛围。

【学习践行】

孝吾老　敬邻老

赵会明和妻子樊彩欣是楼底村二组村民，夫妻俩尊老敬老，用自己的一言一行践行中华民族尊老爱幼的优良传统，以良好的思想品德、积极向上的精神风貌、乐观的生活态度，潜移默化地影响、教育、引导着孩子成长成才，深受群众好评。

赵会明注重树立良好的社会公德和家庭美德。他深刻懂得尊老爱幼是中华民族的传统美德。他常说："我们就应把别人的老人也当成自家的父母一样孝敬。"他身处农村，切身体察农村老年人的现状：由于相当多的青壮年农民远离故乡务工，许多家庭的老人成了留守老人和空巢老人，有的不仅仅要种庄稼、养畜禽，还要抚育照顾孙辈儿童，一年四季，辛苦劳累。尤其是每到传统的中秋节、重阳节，很多老年人缺少一种亲情关爱，享受不到天伦之乐，心灵上不免产生一些孤独和寂寞感。

为了使广大老年人能在重阳节过得高兴快乐，近年来，赵会明夫妇坚持把本村的老年人请到家中做客，并邀请镇党委、政府领导与老年人共同欢度节日。他说："我把他们请来团聚，能使他们笑一笑，送上我对他们的祝福，这是我人生中最幸福的事。我要从多方面努力感召乡亲，使老人们老有所养，老有所依，老有所为。"每年春节，为了表达对附近贫困老党员和贫困老年人的关爱，他不仅请老人们吃年夜饭，还为他们买肉、酒、茶之类的年货，使村里的贫困老人深深感受到在党领导下的当今社会，不仅仅有党和政府的关心照顾，而且还有社会上有仁爱之心的人带来的温暖和关爱。

赵会明、樊彩欣夫妇用他们的善良和孝心，为社会老人的晚年撑起了一片爱的天空，为子女们的健康成长做出了榜样，为促进尊老敬老良好风气的形成起到了引领示范作用。

（《岐山好家教好家风风采录》）

感　恩

《诗经·大雅·抑》云："投我以桃，报之以李。"投桃报李就是一种感恩和报恩的举动。感恩指的是对别人所给予的恩惠表示感激，并设法报答，是一种处理人际关系的道德规范。俗话说："受人滴水之恩，当以涌泉相报"，中华民族自古以来就是一个讲究知恩图报的民族，历史上有晋文公退避三舍报答楚成王的礼遇之恩，豫让以死报答智伯知遇之恩，灵辄以死报答赵盾的一饭之恩等。感恩是一种责任、一种自立、一种自尊和一种追求阳光人生的精神境界。在民间，结草衔环的故事千古流传，白蛇报恩的传说家喻户晓。感恩是一种美德，也是一种公德。

【历史典故】

穆公亡马　知恩图报

秦穆公，嬴姓，名任好，我国春秋时期杰出的政治家、军事家，秦国国君。他重用贤才，励精图治，开疆拓土，称霸西戎，是"春秋五霸"之一。

秦人先祖非子因善于养马被周天子封在西犬丘（今甘肃省礼县）。后来，秦襄公因护驾周平王东迁有功，周平王把岐山以西的土地赐予秦国。秦人有养马的传统，秦穆公非常喜欢马，曾让伯乐为自己相马，还下令在国都雍城（今宝鸡市凤翔区）东边岐山一带建立养马场，为秦国饲养战马。

有一次，秦穆公几匹心爱的马丢失了，他亲自带着随从去寻找，结果发现自己的马已经被杀掉了，一大群盗马的人围成几堆正在一起吃肉。秦穆公对他们说："这是我的马啊，你们怎么能吃掉呢？"这些人得知他们吃掉了国君的爱马，都惊恐地叩头赔罪。秦穆公见这些人吓得战战兢兢，了解到他们因饥饿才不得已吃掉自己的爱马，于是语重心长地说："我听说吃骏马的肉不喝酒是要死人的。"于是按次序给他们酒喝，这些人都惭愧地离开了。

过了三年，晋国派兵攻打秦国，晋国的士兵把秦穆公团团围住，眼看就要战死沙场。正在危急时刻，突然一群人骑着马冲进来，他们奋勇杀敌，晋国士兵措手不及，很快被冲散了。这群人不仅保护秦穆公冲出重围，脱离了危险，而且还抓住了晋国国君。这下子秦军斗志高涨，反败为胜，打败了晋国军队。

秦穆公见这群人不是秦国士兵，疑惑地问："你们为什么要救我？"这群人回答说："我们拼死作战，是为了报答您不追究我们吃您马肉的罪责，反而还给我们赐酒的恩德啊！"

【典故解读】

秦穆公为人睿智大气、宽厚仁爱，他理解下层百姓的疾苦，不计较他们的罪责，反而关心爱护他们，而盗马人知恩图报，解救秦穆公于危难之中，更是值得学习。感恩既是一种生活的智慧，又是学会做人、成就阳光人生的重要支点。在今天，感恩不但是中华传统美德之一，而且是值得大力弘扬的社会公德。感恩不是不分是非曲直的江湖义气，而是在是非分明的前提下懂得知恩图报。古人云："人之有德于我，不可忘也；吾之有德于人，不可不忘也。"帮助他人应该很快忘记，而受到他人的帮助，却应该铭记于心，常怀报答之心。

【传承弘扬】

韩信报恩 一饭千金

韩信是我国西汉初期杰出的军事家、军事理论家、历史名将之一，与张良、萧何并称"汉初三杰"，著有《韩信兵法》。与韩信相关的历史典故不少，如"明修栈道，暗度陈仓""韩信点兵，多多益善"等更是家喻户晓。韩信辅佐刘邦打败项羽，为西汉王朝的建立立下了汗马功劳，成为开国元勋。

韩信小时候家境贫寒，日子过得很落魄，经常去别人家白吃白喝，搞得人家很讨厌他。有一次，有个地痞逼迫韩信从自己胯下钻过去，韩信忍辱负重，就钻了过去。这样一来，乡里的人都瞧不起他，不愿给他提供饭食。韩信没有办法，就去河边钓鱼，钓不到鱼时，只能饿着肚子。这时候，河边有个洗衣服的老人家，人称"漂母"，见韩信饥肠辘辘，就把自己的饭食分给韩信吃，连续几天都是这样。韩信非常感激，对她说："您老人家的恩情我永远都不会忘记，将来一定会好好报答您的。"漂母听后生气地说："男子汉大丈夫不能养活自己是一种耻辱，我看你挺可怜的，所以才分给你饭吃，并没有指望你报答我。"韩信听后暗暗下定决心，一定要出人头地来报答老人家。西汉建立后，韩信被封为楚王，他衣锦还乡，对当年侮辱他的乡邻们宽大为怀，更没有忘记当年漂母的一饭之恩。他派人寻来漂母，以千金来回报，但漂母早就忘记这件事，婉言谢绝。韩信知恩图报值得我们学习，漂母施恩不图报更值得我们学习。

历史上还有一个报答一饭之恩的典故。在春秋时期，赵国大臣赵盾为人正直，是赵国的顶梁柱。有一次，赵盾去首阳山打猎，在一棵桑树下见到一个名叫灵辄的人，快要饿死了，就送给他饭吃，灵辄却不肯吃。赵盾询问原因，灵辄说："我想用这些食物孝敬我的母亲。"赵盾被灵辄的孝心感动，又送了一篮子饭食让灵辄带回去给母亲吃。后来，晋灵公即位，他是一位昏君，企图设计杀害赵盾，侍卫们在扑杀赵盾过程中，突然有一个侍卫反过来以死相拼，保护赵盾逃走。赵盾问那个人叫什么名字，那个人说："我就是桑树下快要饿死的那个人啊。"

【学习践行】

自强不息　感恩社会

"志气一旦树立起来了，观念一旦更新了，致富的办法和干劲自然就有了。"这是张侯村残疾人贫困户张同科听完道德讲堂后说的一段话。张同科在党和政府帮助下脱贫后，知恩图报，回馈社会，解决了县上12个残疾人家庭工作问题。

张同科是个苦命人，上有八旬老父，下有上学的女儿，老实巴交的兄长一直单身，弟弟又聋又哑神志不清，沉重的家庭担子压得他一直喘不过气来。谁知屋漏偏逢连阴雨，2010年在私人作坊打工时，不幸双手致残，失去了八个手指。苦难是弱者的借口，却是强者搏击人生的动力。双手残疾，拿不起锄头握不住镰把，庄稼活儿做不成了，全家六口人却等着他养家糊口。张同科刚养好伤，就急不可耐地外出找活挣钱，因为没有手指，自然处处碰壁。在县城奔波十多天分文无获，一想到老父亲，残疾弟弟和等着生活费的女儿，张同科连家都不敢回，脚不沾地地找活儿。

真是苍天不负苦心人，当他抱着试一试的心态，进了县医院大门，想找一份搬运药品打扫卫生的工作时，恰巧遇到一位脑出血患者的家属，因单位有急事正急着满院里寻找护工，张同科自告奋勇上前介绍自己，患者家属急得六神无主，也没发现是个残疾人，匆匆带进病房，交代一番就走了，张同科就此担当起护理瘫痪老人的担子。他用双手夹住扫把打扫卫生，夹着勺子喂水喂药，换洗衣服，清理大小便，直忙到午饭时间才发觉患者家属走时忘了给生活费。张同科没多想掏出自己喝凉水啃冷馍节省下的钱，为老人买来可口的饭菜，两只残手夹紧筷子一口一口地喂食。这奇特的一幕惊得查房的医生、护士目瞪口呆，同室病员和家属无不侧目。

张同科以庄户人的善良，细心周到的护理和视病人为亲人，为患者家属着想的爱心，打开了医院护工工作局面。他的非凡事迹传遍了医院住院部，一时医生推介，家属引见，找他代理护工的活儿纷沓而至。一个残疾人由此重新站立起来，实现了自力更生的愿望。

2015年，在岐山县残联的关心支持下，张同科自任队长，招收本县12名残疾人和家属，经过护理知识技巧培训后，成立了西府地区唯一的残疾人阳光护工队。工作范围由过去单一的护理患者，延伸到为10多家医院介绍护工，帮重度病人推荐家庭保姆等诸多服务领域。近年来，护工队穿梭在宝鸡市五六个县城之间，以其细致周到的服务和专业有序的护理，赢得了各家住院部医生们的认可和患者亲属的普遍赞赏。

饮水思源不忘本，共同富裕奔小康。张同科这种自强不息，知恩图报的精神得到了乡里乡亲的夸赞。也激发了其他贫困户自力更生、艰苦奋斗、积极向上的精神状态。为该村扶贫工作积累了宝贵经验，让一些"主动脱贫动力不足，等、靠、要、比、怨"的思想严重的贫困户"红了脸"。村里混日子的懒汉少了，奔富路的勤快人多了。

（岐山县文明办）

济　困

《论语·雍也》云："君子周急不继富。"济困是指扶危济困，救济和扶助处在困境或有困难的人，是"一方有难，八方支援""一人有难，众人支援"精神的集中体现，同时也反映出一个人的恻隐之心和内心的真善美。扶危济困是周文化中"以人为本"核心思想理念的集中体现，它既是处理社会关系的一种道德规范，又是中华传统美德之一，更是一种社会公德。雪中送炭、救人危难、助人为乐历来是人们称颂的社会公德，武王伐纣救民于水火，召公赐粥救济百姓，墨子解宋国兵灾等等，都是扶危济困的具体表现。

【历史典故】

济困救民　灵台欢歌

周文王以德孝仁爱、敬老尊贤、济困救民而著称于当时，无论是百姓还是诸侯有什么困难，都会找周文王排忧解难。

文王即位后第八年，周国发生了地震，给百姓带来了灾难。当时人们由于对这种自然现象无法作出科学解释，加之一些百姓因为灾难，生计难以维持，在社会上产生了恐慌现象，一时之间，人心惶惶。文王认为这是上天对自己的警示，因此更加勤修德政，过了一段时间，社会稳定下来。但是因为地震灾害，使一些百姓的生活无法维持，应该如何来解决这个困难？文王冥思苦想，终于想到了一个办法。原来纣王荒淫无道，大兴土木，在朝歌城内修了一座豪华的鹿台供自己享乐。而周国在文王的治理下，物产丰富，国强民富。于是文王准备修一座灵台，同时给无家可归的百姓修建房屋。修建灵台一来可以祭祀神灵和祖先，稳定人心；二来可以观测天象，修订历法，指导农时；三来可以给百姓提供休闲场所，与民同乐；最后还可以号召不能维持生计的百姓做工，发给他们工钱和粮食，使他们能够渡过难关。总之，修建灵台可以取得一举多得的效果。这一工程实施后，受灾百姓纷纷响应，天下百姓都盛赞文王的仁德。

在灵台施工过程中，百姓们编了一首赞歌来赞美周文王扶危济困、与民同乐的高尚品德。大家一边欢快地唱歌，一边勤奋地做工，工程进度进展顺利，灵台很快修好了，倒塌的房屋也重新修建起来，百姓们高高兴兴地搬进了新居。文王在天下诸侯和百姓中间的声望更高了。

【典故解读】

周文王以民为本，救民于水火，解百姓于困境之中，既是勤政爱民的典范，又是扶危济困的典范。扶危济困既是一种社会公德，也是一种善行义举。在今天，乐善好施、助人为乐、见义勇为、守望相助等都是济困行为。扶危济困要量力而行，更要有法律和道德的底线。古人说，人生在世，不如意的事情十之八九。谚语讲，赠人玫瑰，手留余香。人难免有困厄的时候，当他人遇到危难和困境时，施以援手，急人之难，雪中送炭，我们的世界将会变得更加温暖、美丽、和谐。今天帮助他人，也许就是在帮助明天的自己。

【传承弘扬】

董奉济世　杏林春暖

董奉是我国东汉时期的名医，与华佗、张仲景合称"建安三神医"。他自幼勤奋好学，立志行医济世，解除百姓疾苦，于是四处寻访名医、拜师学习，不断提高医术。

相传，董奉喜欢云游，在民间行医救人。有一次，他来到医祖岐伯故里，瞻仰岐伯遗踪，为岐伯崇高的医德所感动，便隐居在周原东南一带（今陕西省扶风县杏林镇）行医济世，另一种说法是隐居在庐山。董奉给穷人治病从不收费，只要求被治愈的病人在他的住宅旁边栽种杏树作报酬，病情轻的栽种1棵，病情重的栽种5棵。由于董奉医术高明、医德高尚，几年间，被治好的病人不计其数，栽种的杏树竟然多达十几万棵，蔚然成林。每当杏子成熟时，董奉就用杏子换成粮食储存起来，在青黄不接的时候用来救济穷人。董奉大医仁心、扶危济困、乐善好施的高尚品德赢得了人们的普遍赞誉，被后世传为佳话。后世用"杏林"代称中医，用"杏林春暖""誉满杏林"等词语来赞誉医德高尚、医术高明的医生。

相传有一次，有一只老虎来到董奉医庐前，十分痛苦，原来老虎进食时，一根骨头卡在老虎的喉咙里，董奉给自己的胳膊套上竹筒，然后伸进老虎的口中取出骨头。据说后世在民间行医的郎中套在手掌上的环铃，就是由医治老虎的竹筒演变来，后世把这个叫作"虎掌"。董奉去世后，老虎为了报恩，经常守护在杏林外，保护他的家人。

董奉因医德高尚成为后世医师学习的楷模。据《扶风县志》记载，宋代名医石泰云游四方，后来定居扶风，悬壶济世。他十分仰慕董奉，见贤思齐，效仿董奉治病不分贫富贵贱，分文不取，被治愈的病人只需在医馆旁栽种杏树一棵，以作酬谢。久而久之，治愈的病人越来越多，杏树蔚然成林。每逢春季，杏花飘飞，彩霞满目，美其名曰"杏林霞彩"，被誉为"扶风八景"之一。石泰在医学史上比较有名，是一个善于养生的理论家和实践者。他写过气功与按摩的专著，创编气功体操"石泰杏林春暖丹田诀""石泰睡功"等，被收入《内外功图说辑要》之中。相传石泰活了137岁，于绍兴二十八年（1158年）去世。

【学习践行】

扶危济困传美德　助人为乐书大爱

郑小安，男，生于1978年6月，岐山县祝家庄人。2015年7月至8月进入陕西好人榜；2015年12月，被授予宝鸡市道德模范提名奖；2016年1月，被授予宝鸡市十佳安全服务标兵；2016年12月，被授予岐山县道德模范；2018年4月，被宝鸡市文明办、宝鸡市志愿者协会授予2017年度宝鸡市志愿服务最美志愿者；2018年4月，被岐山县文明办、慈善协会评为2017年度慈善工作先进个人。

2015年以来，郑小安同志一直在岐山县祝家庄帮助留守儿童、孤残儿童，为他们捐赠生活资助金、衣服、书包等学习及生活用品。同时还为村里的孤寡老人送去米、面、油、醋、衣服等生活必备用品，并为他们给予生活困难资助金，帮助他们解决生活中遇到的困难。

岐山是周礼之乡，为了响应习近平总书记号召，依法行善，使慈善志愿服务工作常态化、合法化，郑小安同志于2017年向岐山县慈善协会提出申请，并联手成立了岐阳慈善志愿者服务队。自从服务队成立以后，他更加热心慈善志愿服务工作，他明白"慈善必精准、精准须扶志"的道理。郑小安同志带着他的团队在岐山县慈善协会的监管下，积极开展关爱留守儿童、孤残儿童、空巢老人、扶贫助困等公益活动，大力弘扬雷锋精神，积德向善、与爱同行。

郑小安同志在工作之余多方募集善款及物品并组织开展助人为乐等各类志愿服务活动，为留守儿童、孤残儿童、留守老人、孤寡老人等弱势群体解决生活中的实际困难。

2017年，先后开展助人为乐等各类公益活动21场次，为40名贫困学生，1名残疾老人，3名留守老人，捐助生活费及所需生活用品共计价值3万多元。

2017年4月，郑小安同志在团队内部召集志愿者发起贫困学生"一对一"帮扶项目，现已在岐山县东北片对多名留守儿童孤儿开始了"生活补给、文化课和思想德育教育"360度帮扶工作。活动中最为突出的是范家营村贫困学生宋某某和西庄村孤儿李某某的思想、文化知识都得到了提高，还定期为他们送去生活补给。

2017年5月，郑小安同志在得知邻村郑某某和老伴都是85岁以上高龄老人，丧失劳动能力，且儿女常年在外打工，老人家中因下雨水流不畅，不能排到院子外面水渠的情况后，郑小安同志立即召集20多名志愿者用人力车、铁锨等工具，经过几个小时的忙碌，最终帮助老人将院子填高并修好了排水渠，解决了老人家中排水不畅的问题。还在老人家菜地里为其种上了常用蔬菜。平时经常去看望老人，和老人谈心，并送去生活用品。

2017年5月，郑小安同志在得知邻村郑某某老人因病行动不便、无法自理，老人家中杂草丛生，难以下脚的情况后，郑小安同志及时组织志愿者和学雷锋小组15人带上镰刀和割草机，去老人家中帮忙割草。经过3小时的忙碌，将老人院子的杂草清理干净，并给老人打扫房间卫生，还为老人发放了常用药品和生活费。

2017年9月，郑小安在得知蒲村镇儿女常年在外打工的王某某老人因轮椅摔坏行动不便，每天要去一公里外的镇上看病就成了问题的情况后，他便发起关爱项目为老人送去轮椅，解决了老人出行看病难的问题，还为老人送去大米、醋、食用油、鸡蛋及生活费。

2017年2月，为驸马庄中心小学两名孤儿送去学习用品、书包及生活费。2017年4月，给驸马庄中心小学10名贫困学生送去学习用品、衣服、裤子、常规药品、生活费等。2017年，为京当镇九年制部分贫困学生、故郡镇中学部分贫困学生、鲁家庄小学部分贫困学生、蒲村镇中心小学部分贫困学生、益店镇中心小学部分贫困学生送去书包、学习用品、棉被、生活费等。

2017年，郑小安同志为了把慈善做得更节省化，他就利用微信朋友圈和团队内部收集旧衣服、裤子、书、体育用品等物品，再次洗涤、消毒，发放给需要的贫困学生。

2017年，在全国上下弘扬中华优秀传统文化、践行社会主义核心价值观的时刻，郑小安带领团队不甘落后，先后在"周太王陵园"打扫卫生数次。2018年3月28日，郑小安同志又依托"三月份学雷锋月"和四月份"清明节"，带领岐阳慈善志愿者服务队和驸马庄中心小学学雷锋小组，在岐山县"周太王陵园"开展了"弘扬周礼文化暨创建魅力岐山"活动，并且发出倡议书，要将周太王陵园环境卫生治理常态化。

在岐山县传承周礼文化，弘扬民族美德的时刻，郑小安同志通过网络还联系到榆林市清涧县王艳红同志，本着"慈善无界"的精神，把两地的慈善工作联系起来。先后为岐阳慈善志愿者服务队送来爱心捐款2000余元，并参加岐阳慈善志愿者服务队"一对一"帮扶活动。

（岐山县文明办）

第五章　道德修养

在中华传统伦理道德中，修养就是修身养性，即道德修养。道德修养是个人为实现一定的理想人格而在意识和行为方面进行的道德上的自我锻炼，以及由此达到的道德境界，是一种对道德的认知与实践的活动，是道德主体把外在的道德规范和要求，内化为个人道德品质、道德情操和道德境界的一种手段、途径和方法。

中华民族自古以来就非常注重道德修养。早在商周之际，周人在建立西周王朝的过程中，就认识到统治者的道德修养对巩固政权的重要作用，在此基础上产生了天命转移的观念，并提出了"以德配天""敬德保民""惟德是辅"等思想，从而要求统治者尤其是周天子要不断加强道德修养，以维系天命、永保社稷。先秦时期，儒家学派继承了这一思想，把加强道德修养视为齐家、治国、平天下的前提。《礼记·大学》提出了"三纲领"（即明明德、亲民、止于至善)，以及"八条目"（即格物、致知、正心、诚意、修身、齐家、治国、平天下)，这就是著名的"修齐治平"思想。这一思想成为我国古代知识分子加强道德修养、树立远大志向、实现理想抱负的指导思想。

《论语·述而》中有"德之不修，学之不讲，闻义不能徙，不善不能改，是吾忧也。"孔子忧虑什么呢？他忧虑的是不修养德行，不讲究学习，听到符合道义的话而不能跟着做，有了错误而不知、不改过。这几句话揭示了道德修养的重要性。因此，历代圣贤都会把自身的道德修养放在首要位置，从而建立了一套博大精深、内容丰富、独具特色的道德修养理论体系，产生了养心、存心、格物、致知、正心、诚意、养气、持敬、慎独、内省、改过、好学、志道等道德修养的途径和方法。古人把这些道德修养的途径和方法称为涵养功夫。

我国古代道德修养理论对古人为人处世、安身立命起到了指导作用，对中华文明的传承发展产生了积极影响，是中华优秀传统文化的重要组成部分。传承弘扬古代道德修养理论精华，对新时代公民道德建设和精神文明建设仍然具有积极作用。

立　志

古人云："有志者，事竟成。"远大的志向是指引人走向成功的一盏明灯。立志指的是立定志向和确定长远目标，是一种提升道德修养的良好方法和有效途径。通过树立远大的志向，可以在实现理想过程中，不断提升自身的道德境界。重视志向是中华民族的优良传统之一，周文王、周武王有灭商兴周之志，姜太公有辅佐王霸之志，刘备有兴复汉室之志，诸葛亮有管乐之志等等。古人将立志作为提升道德境界和成就事业的重要途径。近代大学者王国维在《人间词话》中讲："古今之成大事业、大学问者，必经过三种之境界：'昨夜西风凋碧树，独上高楼，望尽天涯路。'此第一境也；'衣带渐宽终不悔，为伊消得人憔悴。'此第二境也；'众里寻他千百度，蓦然回首，那人却在，灯火阑珊处。'此第三境也。"讲的就是立志修身，努力奋斗，实现理想，成就人生事业的过程。

【历史典故】

太公钓鱼　志在天下

姜太公，姜姓，名尚，我国西周初期杰出的政治家、军事家、韬略家，西周王朝开国元勋。曾辅佐文王、武王、成王三代君主，是我国历史上立志成才、大器晚成的典范。

姜太公的祖上因为辅佐大禹治水有功，被封到吕地，所以他的老家就在吕国（今山东省莒县），史书又说他姓吕，名尚。姜太公时家境已经穷困潦倒，因生活所迫，给人家当了上门女婿，被人瞧不起，吃了上顿没下顿，日子过得很潦倒。为了维持生计，他还做过小商贩，去商朝都城朝歌做过屠夫。尽管日子过得很不好，但他仍然胸怀大志，希望将来成就一番事业。

姜太公一度希望得到商朝的重用，但纣王的所作所为让他很失望。60多岁时他仍然没有得到重用，乡里人劝他回家安度晚年，但他初心不改，志向坚定，毫不气馁。他听说周文王敬老尊贤，将国家治理得很不错，于是就去了西岐，隐居在渭水边。他得知周文王喜欢在打猎时了解民情，寻访贤才，就每天在磻溪钓鱼等待时机。

相传他直钩钓鱼，意思是宁在直中取，不在曲中求，不钓鱼虾钓王侯。这样一来，一个奇怪的老头在磻溪直钩钓鱼的事迹很快通过樵夫、渔夫等在西岐传开了。恰好有一次文王在渭水边打猎时，听到了这件事后，意识到这位老人可能是治国贤才，就来到磻溪边寻访到姜太公，和他谈论天下大事，发现姜太公正是自己要寻访治国贤才，于是请他辅佐自己治理西岐。这就是"太公钓鱼，愿者上钩"的历史典故。

相传姜太公在渭水遇到周文王时，已经是72岁的老人了。苦心人，天不负。尽管姜太公晚年得志，但他辅佐文王、武王，最终建立了西周王朝，后来又和周公、召公一起辅佐成王开创了我国历史上第一个盛世"成康之治"，实现了自己的远大志向。

【典故解读】

苏轼有句名言："古之立大事者，不惟有超世之才，亦必有坚韧不拔之志。"姜太公立下远大志向后，矢志不渝，始终不因穷困、年老而改变自己的志向，终于大器晚成，功业卓著，成为后世推崇和学习的榜样。在今天，尤其是青少年学生，应该将自己的志向与祖国和民族的前途命运相结合，与实现中华民族伟大复兴的中国梦相结合，志存高远、砥砺前行，在奋斗中提升修养，在拼搏中修身养德，最终成就人生事业、升华道德境界。

【传承弘扬】

马援为志　穷且益坚

马援，字文渊，我国东汉初期杰出的军事家，东汉王朝的开国元勋，历史名将，因功勋显赫，被东汉开国皇帝汉光武帝刘秀拜为伏波将军，封为新息侯。

马援是战国时期赵国名将赵奢的后裔，赵奢因战功被封为马服君，其子赵括在长平之战中战败身亡，因此后人以马为姓。马援生于西汉末期，当时政治黑暗，社会动荡，百姓流离失所。马援少年时胸怀大志，以救国救民为己任。马援在从军前，善于种田放牧，有马、牛、羊几千头，谷物数万斛，他仗义疏财，乐于助人。后来，马援散尽家财，追随汉光武帝刘秀投身于救国救民的军旅生涯之中。

马援有两句表明自己雄心壮志的名言，一句是"男儿要当死于边野，以马革裹尸还葬耳！"（意思是男子汉应当为报效国家战死在边疆的战场上，用战马的皮包裹尸体回来安葬）。另一句是"丈夫为志，穷当益坚，老当益壮。"（意思是大丈夫的志气，不得志的时候应当更加坚定，年老的时候应当越发豪壮）这两句话表达了他胸怀家国、老当益壮、效命疆场的报国志向。马援追随汉光武帝刘秀南征北战，为东汉王朝的建立立下了汗马功劳。后来，为了巩固边疆，他平定陇西、抚平羌乱、北击乌桓、南征交趾、二平岭南，直到62岁时，还披上战甲为国出征。他的大半生都在保卫边疆的军旅生涯中度过，64岁时病逝于军中，实现了他马革裹尸还的铮铮誓言。

马援老当益壮、马革裹尸、报效国家的志向成为后人学习的榜样。马援用自己的言行践行了古代圣贤"修身、齐家、治国、平天下"的理想和抱负，展现了深重的家国情怀和崇高的道德修养。

养　德

《周易·象传》云："地势坤，君子以厚德载物。"养德是指涵养德行、行善积德，不断提升自身的道德修养和道德境界。崇德是周文化的核心理念之一，周人"敬德保民""以德配天""以德治国"的德政思想对后世"修身、齐家、治国、平天下"产生了极为深远的影响。先秦时期，诸多大思想家都把修身养德作为人生最大的根本和提升道德修养与道德境界的必经之路，上到天子，下到平民百姓都必须修身养德，绝不可无德或失德，这就是"德以配位"的道理。

【历史典故】

太伯奔吴　至德典范

太伯，又称吴太伯，我国先周时期周太王古公亶父的长子，仲雍、季历的哥哥，周文王的大伯父，吴国第一代国君，被后世尊为"三让王""江南人文始祖"。

周太王率族人迁往岐下周原后，娶当地姜姓部落女子为妻，与姜姓部落建立起政治联姻。周人在周原地区站稳脚跟后，建邦立国。周太王与姜姓部落女子生的儿子叫季历，季历长大后，娶商朝的贵族挚国国君的女儿为妻，生有一子名昌，就是后来的周文王。相传周文王的母亲太妊怀孕时，善于胎教，文王出生时，祥云环绕，一只赤红色的大鸟卧在屋脊上，族人都说这是圣人降生的祥瑞之兆。周文王自幼果然聪慧异常，很受周太王的喜爱。

过了几年，周太王年事已高，是时候选择接班人了。周太王的三个儿子当中，季历与姜姓部落和商朝贵族挚国国君都有亲密关系，加上儿子姬昌聪慧无比，是第三代国君最佳人选。周太王从周国长远利益出发，认为季历更适合做自己的接班人，但是按照当时接班人排序，太伯是理所当然的继承人，然后是仲雍，最后才是季历。周太王很为难，但他知道太伯、仲雍贤德，于是当着众人说："我们周国崛起的希望在于昌（周文王）啊！"太伯顿时明白了父亲的心意，他顾全大局，劝说仲雍和自己以为父亲采药为名，在吴山（今宝鸡市陈仓区）隐居起来。太伯先后三次让出国君之位，并文身断发以表决心，这就是"三让天下"的典故。

周太王逝世后，为了使继任国君季历放开手脚施政，太伯、仲雍兄弟俩带着家人南渡渭水，翻越秦岭，沿着汉水顺流而下，又沿着长江来到江苏无锡一带。他们在这里定居下来，入乡随俗，对当地土著居民以礼相待，把先进的耕作技术传到当地。吴地百姓非常爱戴太伯，推举他为首领，建立吴国。太伯逝世后，吴地百姓披麻戴孝怀念他的恩德。后来吴国君位传到周章时，武王建立周朝，他感念两位伯祖父的功德，就把周章封为诸侯。

孔子称赞说："太伯，那可以说是道德最崇高的人了，几次让出国君职位，老百姓都找不到合适的词语来赞美他了。"

【典故解读】

太伯奔吴、三让天下，体现了德孝仁爱、谦和礼让、兄友弟恭、成人之美的崇高品德，是大仁、大爱、大德、大孝的典范，被孔子称赞为"至德"。德行是一个人的立身处世之本，是无法用别的东西来弥补的。因此，在今天，我们更应该借鉴古人通过涵养德行来提升道德修养和道德境界的做法，积极培育和践行社会主义核心价值观。养德应该做到：一是要在生活中积极以实际行动养德，不断提升道德修养；二是要防止自身德行的缺失，一个人如果没有德行，将难以立足于社会；三是要监督他人失德的言行，以避免给整个社会产生不良的影响。

【传承弘扬】

季子让国　至德长存

季札，姬姓，名札，又称公子札，我国春秋时期吴王寿梦的第四个儿子。季札既是一位具有远见卓识的政治家和外交家，又是一位才华横溢的文艺评论家，由于他对江南地区的文化发展做出重要贡献，被后世尊为"南方第一圣人"。

吴王寿梦有四个儿子，分别是长子诸樊、次子余祭、三子夷昧、四子季札，其中季札最贤德，也最受父亲器重。吴王寿梦临终前对四个儿子说："我们的先祖太伯、仲雍历尽艰辛，创立了吴国，现在诸侯争霸，只有让最贤能的人做国君，吴国才能长治久安。你们兄弟当中季札最优秀，我想传位于他，你们认为怎么样？"诸樊兄弟三人都很赞成，但季札却认为这不符合嫡长子继承制，从长远看对国家不利，因此婉言谢绝。

吴王寿梦去世后，诸樊以嫡长子身份即位，处理国家事务。诸樊牢记父亲遗愿，在服丧期满后，准备把国君之位让给四弟季札，季札坚决不接受，但吴国人都要拥戴季札继位，季札只好离开国都，隐居起来。诸樊只好把延陵封给季札，所以，大家又称他为"延陵季子"。后来吴王诸樊去世，他留下遗命把君位传给二弟余祭，目的是想按次序兄弟相传，最终把国君职位传给季札，实现父亲的遗愿。余祭去世时传位三弟夷昧，夷昧临终前要传位给季札，但季札始终没有接受。

季札先后三次辞让吴国国君之位，以自己的实际行动涵养德行，提升境界，成为继太伯、仲雍之后又一个"三让天下"的至德典范。

好　学

《论语·雍也》云："知之者不如好之者，好之者不如乐之者。"好学是指乐于学习，愉快地、专心致志地追求学问。在古代，学习是获取知识、改变命运、涵养德行、提升道德修养和道德境界的重要途径，通过学习可以彻悟人生道理、涵养道德情操、洞晓世事百态、广济天下百姓。在今天，好学既是一种个人美德，又是一种提升道德修养的基本方法和途径。好学，就要虚怀若谷、踏踏实实、不耻下问；好学，就要刻苦勤奋、夜以继日、废寝忘食；好学，就要把学习当作一种乐趣，活到老、学到老，以学养德，常学常新，绝不可不懂装懂，浅尝辄止。

【历史典故】

孔子好学　学而不厌

孔子是我国春秋时期大思想家、大教育家和儒家学派创始人，他以周公为师，一生都在"克己复礼"，被后世尊为"大成至圣先师""万世师表"。孔子崇高的道德、渊博的学识不是天生的，而是好学得来的。

相传孔子第一次去太庙参加祭祀活动，凡是不懂的地方，都要向他人请教，虚心学习。正是这种打破砂锅问到底的精神，使他进步很快。这就是"孔子入太庙，每事问"的典故。

孔子喜爱音乐，曾达到三月不识肉滋味的地步。他向师襄学琴，学了十多天也没有学习新内容。师襄说："弹得不错，可以学习新曲子了。"孔子却说："曲调我已经熟悉了，但还没有完全掌握方法。"过了几天，孔子已经弹得非常纯熟了，听起来悦耳动听。这时，师襄说："你已经会弹奏的技巧了，可以增加学习内容了。"孔子说："我还没领会这首曲子的意境!"又过了几天,师襄说:"现在你已经领会曲子的韵味了,可以练习新曲子吧!"孔子却说:"不行,我还没有感受到曲子的作者是谁。"又过了一段时间,孔子肃穆地说:"我已经从曲子中感受到作曲者是谁了。他高高的个子,目光炯炯,像是个统治四方诸侯的王者,除了周文王,还有谁能作这样的曲子呢?"师襄听了十分佩服,站起来拜了两拜说:"我的老师传授这支曲子时,就说曲名叫《文王操》。"这就是孔子学琴的故事。

孔子晚年非常喜欢学习《周易》。当时纸还没有发明,人们把字写在竹简上,再用绳子将竹简按次序串连起来,这就成了一册书,用熟牛皮绳子串连成的书叫"韦编"。孔子读《周易》十分刻苦,翻阅了许多次,以至于牛皮绳子断了好多次。但孔子仍然不满足,他谦虚地感叹说:"假如让我多活几年,我就可以完全掌握《周易》了。"这就是"韦编三绝"的典故。

【典故解读】

孔子学而不厌,发愤忘食,乐以忘忧,不知老之将至。他这种乐而好学、勤奋刻苦的学习精神和虚怀若谷、不耻下问的学习态度,丰富了知识,涵养了德行,成就了大成至圣先师的崇高地位。学习是掌握知识技能、提高道德修养、实现人生理想、升华道德境界的重要途径。在今天,我们应该树立终身学习的理念,发扬"活到老、学到老"的精神,读万卷书、行万里路,开阔视野,增长见识,用知识改变命运,用知识涵养德行,用知识成就人生,用知识报效国家和人民。

【传承弘扬】

光武好学　乐此不倦

汉光武帝刘秀是我国东汉王朝的开国皇帝,杰出的政治家、军事家，汉高祖刘邦的九世孙。他做皇帝期间，天下大治，出现了史书上津津乐道的"光武中兴"的盛世局面。

汉光武帝青年时十分好学，在长安太学学习时，非常勤奋刻苦。后来，在行军打仗之际，也不忘学习，常常手不释卷。东汉王朝建立后，他在日常治国理政期间，虽然日理万机，忙于政务，但仍然保持好学的习惯，依然抽空坚持读书，又经常和大臣们讲经论道，直到半夜才休息。太子见他年纪大了，又十分辛苦，就常常劝他注意身体。光武帝说："我乐于学习，不知不觉中已经忘记了疲倦。"这就是孔子所说的"发愤忘食，乐以忘忧，不知老之将至云尔"的好学境界吧！

汉光武帝刘秀作为东汉开国皇帝，尽管日理万机，但仍然好学不已，在百忙之中要抽时间学习，不断增强学识与道德修养，最终开创了东汉王朝的治世"光武中兴"，成为历史上的明君。

内　省

《论语·里仁》云："见贤思齐焉，见不贤而内自省。"内省也称自省，是指严格对照社会道德标准，本着"有则改之，无则加勉"的态度，从内心检查自己的思想和言行，通过对内心的省视，及时改掉错误的思想和言行，从而达到提升道德修养和道德境界的目的。内省是我国古代先贤提升道德修养和道德境界的重要方法，周文王、周武王、周公等先哲在治国理政时，就善于从自身反省，以推行仁政。在先秦诸子百家中，尤其是儒家将内省作为重要的修身途径，提出了一些真知灼见的思想主张，对后世产生了广泛的影响。

【历史典故】

寒日哀民　自省悔过

　　周穆王，姬姓，名满，我国西周时期第五位周天子，相传他在位50余年，是西周在位时间最长的周天子，也是我国历史上最早、最著名的天子旅行家，他的传奇故事记录在《穆天子传》中。

　　周穆王非常喜欢旅游，是我国历史上最喜欢旅游的帝王之一。他让驾驭高手造父驾着八匹骏马拉车，载着自己周游天下，饱览名山大川壮丽风光。相传他还在西昆仑瑶池见到了西王母。唐代大诗人李商隐曾作《瑶池》诗：

　　　　瑶池阿母绮窗开，黄竹歌声动地哀。

　　　　八骏日行三万里，穆王何事不重来？

　　相传在前往西昆仑拜访西王母的旅行途中，周穆王一行来到一个叫黄竹的地方，这里有个大湖，大湖旁有间贤士居住过的屋子，穆王就暂时在这里歇脚。当时正值隆冬，天气突变，屋外寒风凛冽，大雪纷飞。穆王的游兴变得索然，他思绪万千，由上古尧、舜、禹等圣贤勤于治理天下想到先祖文王、武王创业的艰难，再想到了自己因为游玩，导致朝政懈怠，天下百姓受冻挨饿。经过反省后，穆王羞愧万分，有感而发，作了《黄竹》诗哀怜百姓的痛苦。他在诗中表达了自己的反省，对百姓的痛苦表示感同身受，并下决心要带领百官，急百姓之所急，解百姓之所忧，用礼乐教化百姓，不使他们产生怨恨。作完诗后，穆王反省说："因为我一个人的游乐使天下百姓受苦，我却想不到这一点，如何治理天下呢？"穆王这天晚上，再也睡不着觉了，辗转反侧，想了很多。

　　周穆王离开时对西王母说："我必须回去治理国家，等到天下太平了，再回来见您。"然后就返回京城，停止了游乐，任用吕侯等贤臣，制定《吕刑》，恢复国家秩序。通过一番励精图治后，天下再度恢复了安宁，基本上维持了自"成康之治"以来的治世局面。

【典故解读】

周穆王虽然喜好游乐，但他能够触景生情，通过内省迷途知返，痛改前非，既提高了自己作为君王的道德修养，又在一定程度上维持了"成康之治"的延续，为天下安定的局面做出了贡献。在今天，面对浮躁的社会氛围，我们更要静下心来，善于从自身找问题，多从言行举止上自我反省，常思己过，严于自我反省与自我批评，这样才能少出差错，不断提升自己的道德修养和道德境界。

【传承弘扬】

周处内省　痛除三害

周处是我国西晋初期的名臣，曾担任西晋的高级官员和将领，是我国历史上改过自新、浪子回头的典范。

周处家境比较好，他的父亲曾担任过东吴鄱阳太守，可惜的是去世比较早，这样一来，导致周处无人管教。周处长大后，身体健壮，武艺高强，虽喜欢打抱不平，但也飞扬跋扈，横行乡里，乡亲们都很害怕他，见了他皱着眉头，远远地躲开，绕道而行。周处家乡附近河中的蛟龙和南山上的白额猛虎经常出没乡里，祸害百姓，乡亲们把它们与周处合称为"三害"，这里的蛟龙实际上是披鳞戴甲的鳄鱼。

有一天，乡里有人提议让周处去杀蛟龙和猛虎，说不定会除掉一两个祸害，大家都认为这个办法好，就去请求周处杀掉蛟龙和猛虎。周处同意为乡亲们除害，于是他背着宝剑，挽着弓，上南山杀了猛虎。接着他休息了一夜，又带着武器跳下河去，与蛟龙展开搏斗。三天三夜后，河面突然风平浪静，周处和蛟龙都不见了，乡亲们都认为这下子三害都死了，于是大家奔走相告，互相庆贺。正在这时，周处爬上了岸，听到乡亲们把自己和猛虎与蛟龙并列为三害，而且为除去三害而欢呼庆贺，这才知道乡亲们对自己有多么的痛恨与厌恶。这对周处触动很大，他开始反省以前的所作所为，感到非常愧疚，并下决心要痛改前非。

周处听说陆机、陆云兄弟俩学问很好，就去找他们，希望他们帮助自己痛改前非。陆机不在家，周处对陆云说："我想痛改前非，干一番事业，但现在年纪大了，恐怕来不及了吧！"陆云说："孔子说：'朝闻道，夕死可矣！'不要灰心，你有这样的决心是难能可贵的，只要志向坚定，你将来是大有希望的。"于是周处磨砺意志，发愤图强，痛改前非，经常帮助别人，不断提高自己的道德修养，终于成为国家的栋梁之材。乡亲们高兴地说，这下子三害真的全被周处除掉了。

周处通过内省迷途知返，痛改前非，为后世决心改过自新的人树立了一个很好的榜样。

慎　独

《中庸》云："莫见乎隐，莫显乎微，故君子慎其独也。"慎独是指一个人在独处没有人监督的情况下，也能够心存敬畏，严格要求自己，自觉遵守各种道德规范，不做违背道德的事，不做违法乱纪的事，不做违背良心的事。在大庭广众之下，内心光明磊落、胸怀坦荡，不产生任何坏念头。慎独理论继承了周文化中崇德尚礼的思想理念，是我国古代道德修养理论体系中的重要组成部分，也是儒家学派最重要的道德修养方法之一，起到了导人向善的积极作用。慎独关注个人的道德修养和品行操守，体现了道德自律的精神，是一种良知、一种情操、一种修养、一种风度，也是个人道德的极高境界。

【历史典故】

坐怀不乱　不欺暗室

柳下惠，展姓，名获，我国春秋时期杰出的思想家、政治家、教育家，因为他的封地在鲁国的柳下邑，去世后亲友给他的谥号为惠，所以后人尊称为柳下惠。他坐怀不乱的故事在后世家喻户晓，广为流传，孔子对他评价很高，孟子尊他为"和圣"。

有一年，在一个秋天的夜晚，柳下惠在回家途中路过一座破庙时，忽然下起了大雨，他便急忙躲进庙里避雨。过了不久，一位衣衫单薄的女子也躲进庙中避雨。秋雨绵绵下个不停，女子身体很弱，冻得瑟瑟发抖。女子告诉柳下惠，家里还有老母亲和小孩，如果自己冻死了，老人和小孩就会没人照顾。柳下惠担心她会冻死，不再顾虑自己名誉受损，便解开外衣将女子裹住抱在怀中。秋雨下了整整一夜，柳下惠虽然怀中抱着女子，但他心静如水，纹丝不动，没有任何非礼的举动。第二天，雨过天晴，女子感激地对柳下惠说："听人说您是一位宅心仁厚的正人君子，今天一见，果真名不虚传啊！"

柳下惠崇高的德行赢得了当时人们的普遍尊敬，虎狼之师的秦军在统一天下时，经过柳下惠墓地，秦军将领为了收拢民心，下达军令要保护好柳下惠的墓地，在墓地五十步以内砍柴的人将处以死刑。

【典故解读】

柳下惠是一位坐怀不乱的真君子，他不欺暗室、自重自爱的崇高品格，既是古代贤士慎独自律的典范，又是我国优秀传统文化中一个崇高的道德象征。古人云："内不欺己，外不欺人，上不欺天，君子所以慎独。"在当今社会，各种诱惑无处不在，因此，无论什么人，无论在什么时候，无论在什么地方，都应该传承古人慎独的修养功夫，不断强化自我约束、自我控制的能力，始终保持纯良的本性，自尊自爱、谨言慎行，坚守做人的原则和道德底线，不自欺欺人，不做违背良心和道德的事情。

【传承弘扬】

四知太守 暮夜却金

杨震是我国东汉时期的名臣，他为人正直、不屈权贵、清正廉洁，50多岁时在州郡任职，四次迁任荆州刺史、东莱太守，因博览群书，学识渊博，被誉为"关西孔子"。

杨震去东莱郡赴任途中，路过昌邑时，从前他任荆州刺史时举荐的好友王密恰好担任昌邑县令。王密得知自己的好友杨震路过昌邑，就去拜见他。到了晚上，设宴接风时，王密送给杨震许多钱财，以报答杨震举荐自己担任昌邑县令。杨震生气地说："为国家举荐人才是我的职责，我举荐您是为了国家和百姓，我了解您，可您怎么不了解我呢？我是那种贪财好利的人吗？"王密说："只是表示一下我的感激之情，况且现在是深夜，没有人会知道的。"杨震厉声说道："这件事情天知、地知、你知、我知，怎么能说没有人知道呢？"王密羞愧地离开了。这就是"暮夜却金"的典故，杨震因此被誉为"四知太守""四知先生"。

历史上像杨震这样能够按照慎独要求为官处事的还有清朝乾隆年间的叶存仁。叶存仁当了30多年的官，严于律己、清正廉明。他曾担任过河南巡抚这样的封疆大吏，在离任前，下属官员在夜深人静时用船送来很多礼物。叶存仁不愿接受礼物，作一首诗，向送礼的人表明心迹：

月明风清夜半时，扁舟相送故迟迟。

感君情重还君赠，不畏人知畏己知。

杨震"天知、地知、你知、我知",表现出光明磊落、清廉自守的坦荡胸襟;叶存仁"不畏人知畏己知",他不怕别人知道,却怕自己知道,表现出不失本心、固守清廉的为官原则。杨震和叶存仁无论身处何时何地,为官处事始终心存敬畏,是坚守底线的慎独表现,也体现了清廉为官的崇高境界。

自 律

古人云:"不能自律,何以正人?"自律是指在没有他人监督的情况下,通过内心自我严格要求,自觉地遵守法律、法规、制度和社会公德,并以此来约束自己的言行举止。自律既是一种道德原则和道德规范,更是一种提升道德修养的方法,体现了一种信念、一种自省、一种自觉、一种自警、一种素养、一种觉悟。我国古代圣贤明君都十分注重通过自律来磨砺意志、提升修养、涵养德行,文王、武王、成王、周公等圣贤在施政期间,以身作则,自我约束,自律自省,不仅提高了自身德行,而且开创了太平盛世。

【历史典故】

周公还政 自律典范

周公旦是西周王朝的开国元勋,周室宗亲,位高权重,功勋显赫,在西周王朝初期起到中流砥柱的作用。

西周建立不久,武王积劳成疾,政权还没有完全巩固就猝然病逝。武王病逝前,考虑到成王年少,不能治理国家,想效仿商朝"兄终弟及"的传位方式把君位传给德高望重、精明能干的弟弟周公,这样有助于巩固新生政权。周公并没有这样做，武王病逝后，他与召公、太公等重臣立13岁的太子诵即位，史称周成王。成王虽为周天子，但因年少不能治理国家，周公就代理成王治理国家，这引起了一些朝臣的疑虑和不满。周公的三哥管叔联合弟弟蔡叔、霍叔及纣王的儿子武庚发动"三监之乱"，周王朝面临严重的危机。

周公毫不退缩，勇于担当，他团结召公、太公等重臣，用了三年时间平定了叛乱，并营建东都洛邑，加强对东方的控制，分封诸侯，开疆拓土，巩固了新生政权。政权稳固后，为了国家长治久安，他主持制礼作乐，建立了礼乐典章制度。周公摄政第七年，天下太平，政权巩固，成王恰好20岁了，按照礼制举行成人礼后就可以治理天下，这时周公的声望和地位达到了顶峰。面对最高权力的诱惑，周公恪守臣子本分，毅然决定将政权还于成王，自己功成身退，退居臣子位置。自古以来，无情最是帝王家，在几千年的古代历史上，权力斗争屡见不鲜，但像周公这种能够自律，主动放弃权力的政治家是非常少见的。

在摄政第七年的一个黄道吉日，周公主持了成王的成人礼，还政于成王。成王率领文武百官在宗庙祭祀祖先，宣告正式履行周天子的职责，治理天下。

【典故解读】

当国家危难之际，周公挺身而出，勇于担当历史重任；当国家走上正轨后，周公胸怀坦荡，把政权交还给成王。这种恪守本分、自我约束的自律精神光耀千秋，受到后世景仰。在今天，自律不仅是提升个人道德修养的基本方法，而且是建设法治社会、加强公民道德建设的重要方法。要做到自律，就应该做到做人有底线、做事有原则、心中有敬畏。

【传承弘扬】

许衡自律　不食路梨

许衡是我国元代初期杰出的政治家、思想家、教育家、天文学家。他学识渊博，品德高尚，在促进汉族与蒙古族文化交流与融合方面起到重要作用，很受元世祖忽必烈的器重。

有一年盛夏的一天，天气非常炎热，许衡外出处理一件紧急公务。那天烈日当空，骄阳似火，许衡冒着酷暑赶路。一路上，行人们都满头大汗，口渴难耐。忽然，大家发现路旁的田地边有一棵梨树，树上结满了梨子。于是都爬上树去摘梨子吃，只有许衡一人坐在树下不为所动。有好心人把摘到的梨子送给许衡吃，却被许衡谢绝了，大家都觉得很奇怪，便问许衡："这么炎热的天气，您不吃梨子，难道不渴吗？"许衡说："在这个酷暑天气，怎么能不渴呢？"大家又问："那您为什么不吃梨子呢？"许衡说："不是我的东西，怎么能随便吃呢？"有人笑着说："这棵梨树显然没有主人，您为什么这样谨慎呢？"许衡坚定地回答："梨树虽然没有主人，但我的心不可以无主，只要每个人心中有主，事业才会有成，社会才会安定有序。"众人听后，既感动又羞愧，许衡自律的做法给众人上了生动的一课。

普通人与道德修养高的人相比，要做到自律很不容易，但在历史上也有普通人自律的典范。唐太宗李世民做皇帝时，有一年秋季，唐太宗得知有400多名犯死罪的囚犯因思念亲人整天在狱中号啕大哭，于是就动了恻隐之心，他让这些囚犯回家把家里的事情处理好，一年后再回来受刑。光阴似箭，一年后，这些人全都回来受刑，竟然没有一个人逃跑，唐太宗被这种自律守信的精神感动了，于是就将这些人全部赦免。后来，大诗人白居易写诗称赞："怨女三千放出宫，死囚四百来归狱。"

唐太宗时"贞观之治"盛世的出现，与百姓自律守信的社会风气有着密切的关系。

改　过

《论语·子张》云："过也，人皆见之；更也，人皆仰之。"改过是指改正错误和过失，即对照社会道德标准，坚决改掉错误的思想和言行。古人云："人非圣贤，孰能无过？"先贤们很早就认识到人自身的局限和不足，明白"金无足赤，人无完人"的道理，他们立足于人自身的局限性，主张正确对待错误和过失，通过改过不犯或者少犯同样的错误，从而达到提升道德修养和道德境界的目的。改过是我国传统道德中一种重要的修养方法，《周易》提出"君子以见善则迁，有过则改"，《尚书·夏书·仲虺之诰》提出"改过不吝"等关于改过的思想理念，古人这种闻过则喜，有过则改，反对文过饰非，迁善改过的精神在今天仍值得大力提倡。

【历史典故】

金縢警示　成王改过

周成王是我国西周时期杰出的政治家，西周王朝第二代君主，周武王的儿子，周公的侄子。他在周公、召公、太公等重臣辅佐下，开创了我国历史上第一个盛世——成康之治。

西周王朝建立后不久，周武王病逝，成王即位时只有13岁，没有治国理政的能力，新生政权面临严重的内忧外患。这时候需要一位德高望重、能力超群的王室宗亲来负责治理国家，力挽狂澜。在这种情况下，周公挺身而出，代替成王发号施令，治理国家，这就是周公摄政的典故。

　　周公摄政后，周公的三哥管叔对周公摄政很不服气，于是联合弟弟蔡叔、霍叔散布流言说周公要取代成王，篡权夺位。朝中重臣太公、召公对周公疑虑重重，尽管周公作了解释，但成王毕竟年少，竟然相信了流言，对周公十分冷淡，采取不合作的态度。周公为了避免矛盾激化，就以视察各地政务为名，到外地去避一避。

　　周公离开朝堂后，成王心中清楚是因为自己怀疑周公，所以周公才离开都城的，因此感到闷闷不乐。那年秋季庄稼还没有收获，有一天狂风大作，电闪雷鸣，田里庄稼倒地，路旁大树连根拔起，大臣们惶恐不安，认为成王有过失，所以上天迁怒降下灾祸。于是成王带领文武大臣去宗庙祭祀祖先，祈求保佑。成王祭祀时，大风将一个匣子吹落在地上，成王命人打开一看，原来是武王病重时周公向祖先的祈祷词，在祈祷词中周公请求祖先让自己代替武王去侍奉他们，请求他们保佑武王的病很快好起来。这时成王被周公高尚的人格和赤诚之心深深地感动了，他意识到周公代替自己治理国家是为了江山社稷，又怎么会篡夺自己的王位呢？于是成王痛改前非，亲自带领文武大臣迎接周公回到朝堂，叔侄之间的误会消除了。这时候风雨也停下来了，田里的庄稼又挺立起来，并获得丰收，大臣和百姓们都很高兴，认为这是上天表彰成王知错能改的德行。

【典故解读】

　　古人云："谁人无过？有过能改，善莫大焉。"周成王悔过、改过，与周公重归于好，谱写了叔侄情深的千古佳话，成就了"成康之治"的太平盛世。成王放下周天子的脸面，勇于改过的勇气为后世树立了榜样。古语说"忠言逆耳利于行，良药苦口利于病"。喜欢听好听的话，不喜欢听到自己的过失是人之常情，但这不利于改正过失、提升道德修养。在今天，我们应该本着"闻过则喜""有则改之，无则加勉"的态度，正确对待批评与过失，像先贤所讲的那样，听到别人指出自己的过失就应该高兴，知道自己的过失就不能视而不见，改正自己的过失应该毫不吝啬，这样有助于提升个人的道德修养。

【传承弘扬】

轮台罪己　汉武悔过

汉武帝刘彻是我国西汉时期杰出的政治家、战略家，也是我国历史上具有雄才大略的皇帝之一，他与秦始皇并称"秦皇汉武"。

电视剧《汉武大帝》片头引言说："他建立一个国家前所未有的尊严，他给了一个族群挺立千秋的自信，他的国号成了一个伟大民族永远的名字。"这样高的评价汉武帝是当之无愧的。汉武帝继位时，西汉王朝经历了"文景之治"，国力蒸蒸日上，但内部诸侯林立，外戚干政，外部受匈奴严重威胁，内忧外患依然严峻。汉武帝在位54年，在他统治前期，解决了外戚干政和诸侯王国分裂等一系列内政问题；他任用卫青、霍去病为将，出击匈奴，基本上解决了匈奴问题，解除了北方游牧民族对中原农耕文明的威胁；他两次派张骞出使西域，加强了西域与内地的经济文化交流，推动了丝绸之路的开通，促进了汉朝与中亚、西亚、东欧等地区经济、文化的交流；他使华夏民族威名远扬。

汉武帝晚年时期，好大喜功，连年征伐匈奴致使税赋徭役繁重，百姓大量破产、民不聊生；开疆拓土，封禅泰山，追求长生不死，挥霍无度，导致国库空虚；任用奸臣，制造冤狱，使皇后太子含冤屈死。作为一个雄才大略的帝王，汉武帝认识到自己的错误，开始深刻反省，认真悔过，并下诏罪己（罪己诏是我国古代帝王向上天和天下臣民公开承认自身过失的文书）。在这份诏书中，汉武帝检讨自己的过失，承认自己给天下百姓带来痛苦，并且决定停止征战，实行休养生息的政策，不再劳民伤财，这就是历史上著名的"轮台罪己诏"。这也是我国历史上第一份封建社会皇帝的罪己诏，从此西汉王朝改变国策，休养生息，恢复国力，这些措施使西汉王朝免于像秦朝那样短命而亡的命运。

作为至高无上的皇帝，只有敢于正视错误、勇于改正错误，才能振兴民族和国家。在现实生活中，普通人承认错误都比较困难，更何况是高高在上的皇帝呢？在君权神授、皇权至高无上的封建社会，汉武帝这种能够深刻反省自己的过失、勇于悔过自省的精神是十分难能可贵的，他不失为一位雄才大略的古代帝王。

自　强

《周易·象传》云："天行健，君子以自强不息。"自强是一种不安于现状，依靠自己的努力不断勤奋进取的精神，也是磨砺意志、增强道德修养的一种重要途径。自强不息是中华民族精神的核心内容之一，它不仅是对个人的，也是对国家和民族的；不仅包含了事业方面，也包含了道德方面；不仅有着自我奋发、勇于进取的内涵，也有着穷则思变、改革创新的精神。这种自强的思想，既提升了道德修养，又推动了历史进程，更铸就了中华民族的伟大精神。

【历史典故】

周人迁徙　自强不息

周人是周王朝的建立者和周文化的创造者，他们对中华民族的形成和中华文化的发展做出了巨大贡献。

周人的始祖弃为黄帝后裔，因善于种植农业，为尧舜时期的农官，被后世尊为后稷，与夏朝建立者大禹、商人的祖先契生活在同一时代。

后稷因为推广农业技术有功，被舜帝封于邰地（今陕西省武功、杨凌一带），开始建立自己的小邦国。周部族的崛起是周人自强不息的结果，其中有多次艰辛的迁徙。

夏朝后期，夏王不修德政，朝纲大乱，诸侯叛乱，社会动荡，周部族首领不窋也因此失去了农官一职。周族生存受到威胁，不窋带领族人迁到戎狄地区（今甘肃省庆阳市），并把先进的农耕文明传播到这一带。

公刘担任周族首领时，周人受到戎狄侵扰，加之公刘感到这里自然条件不够理想，不利于农业发展和周部族壮大。所以，公刘率族人迁到豳地（今陕西省彬州市、旬邑县一带），在这里，他们搭建房屋、开垦土地，积聚财物，很快富裕起来，并建立豳国，为周人的崛起奠定了基础。

古公亶父担任周部族首领，周人已经在豳地生活了近300年。此时正处于商朝后期，戎狄猖獗，古公亶父为了避免与戎狄之间战争，率族人迁到岐下周原，并在这里建立了周国，为周王朝的兴起奠定了基础。此后，在古公亶父、王季、文王祖孙三代的领导下，周族强大起来，天下三分之二归于周。

文王为了准备翦灭殷商，将国都从周原迁到丰邑（今陕西省西安市），武王为了便于伐纣，又迁到镐（今陕西省西安市），西周王朝建立后，镐京成为周王朝的首都。

【典故解读】

周人迁徙的过程就是穷则思变、自强不息、励精图治、奋发有为的崛起过程。自强是一种良好的品德，一种可贵的精神；自强是一个人活出尊严、活出人生价值必备的品质；自强是一个人健康成长、增强道德修养的重要途径。今天，发扬自强不息的精神，就要勇于担负起时代赋予我们的重任，积极进取、磨炼意志、砥砺品德、勇于战胜困难，做生活的强者，为创造美好生活，实现中华民族伟大复兴而努力奋斗。

【传承弘扬】

谈迁著史 坚韧不拔

谈迁是我国明末清初著名的史学家，与张岱、查继佐、万斯同合称为"浙东四大史家"，其代表作《国榷》是一部史学巨著。

谈迁自幼喜欢读史书，青年时就已经博览群书，闻名乡里。他读了不少明代史书，发现这些史书中错误纰漏比较多，因此决心写一部比较翔实可信的明史，以鉴后人。

谈迁28岁时开始撰写这部巨著。在家境极其困难的情况下，谈迁常年背着行李，长途跋涉，实地考察，广收资料。寒来暑往，历经26个春秋，六易其稿，终于完成了这部180卷、400多万字的皇皇巨著。遗憾的是在《国榷》即将付印前的一天夜里，所有书稿竟被小偷偷走，这对谈迁而言，简直就是晴天霹雳。26年的心血毁于一旦，这对于一个年过半百的老人而言是何等沉重的打击啊！亲友劝他说："您都这么大年纪了，身体又不好，好好颐养天年吧！还图啥呢？"但谈迁没有因此而灰心丧气。他说："小偷虽然偷走了我的书稿，但是我还有手，何愁重新写不出《国榷》呢？"他又夜以继日，立即投入著书工作中去。

谈迁自强不息，克服了生活中的困难和疾病的痛苦，他不顾年老体衰，经过4年的不懈努力，又完成了新稿。为了使这部史书更加充实、翔实，他又花了3年时间，走访了明朝遗老故旧，搜集了遗闻逸事，实地考察了历史遗迹，对书稿进行补充和修订，呕心沥血，终于完成了这部巨著。这时候他已经是一位白发苍苍的老人了。

第六章 道德境界

　　在中华传统文化中，"境界"是一个非常重要的概念，简单地讲就是事物所达到的程度或表现的情况。在我国古代社会，境界这一词汇被广泛使用于思想文化领域。禅宗提出修行必须经历的三重境界：看山是山，看水是水；看山不是山，看水不是水；看山还是山，看水还是水。最著名的莫过于晚清民国时期大学者王国维在《人间词话》中提出："古之成大事业、大学问者，必经过三种境界：'昨夜西风凋碧树。独上高楼，望尽天涯路。'此第一境也。'衣带渐宽终不悔，为伊消得人憔悴。'此第二境也。'众里寻他千百度，蓦然回首，那人正在，灯火阑珊处。'此第三境也。"王国维的"三境界说"对近现代思想文化领域的影响比较大。

现代著名哲学家冯友兰提出了人生四个境界，由低到高依次是：一本天然的"自然境界"，即按照本能和习俗生活；讲求实际利害的"功利境界"，即从自身利益出发做事；"正其义，不谋其利"的"道德境界"，即所作所为合乎道德；超越世俗，天人合一的"天地境界"，即在精神上超越了人世间。道德境界是指人们从一定的道德观念出发，在道德修养过程中形成的觉悟。道德境界代表了理想的人格和理想的境界，是道德教育和道德修养的重要内容。

《论语》中提出，通过"修己以敬""修己以安人""修己以安百姓"三个阶段，进而成为"君子"，即由个人到他人再到天下百姓，实际上代表了修身的三个境界。道德境界有不同的层次，如君子、仁者、贤人、大贤、亚圣、圣人。侧重点也有所不同，如君子、仁者重德行；而大贤、圣人既重德行，也重功业；圣人则是道德境界的最高层次，从某种意义上而言已经超越了世俗。这为历代知识分子指明了修身的目标和追求理想人格与理想境界的方向，对中华民族的民族精神和民族品格的形成起到了重要作用。

有人说，境界决定品位，品位决定人格，人格决定生命的价值和意义。追求崇高的道德境界既是培育和践行社会主义核心价值观和精神文明建设的必然要求，也是新时代公民道德建设的必然要求，在这方面古人的智慧对我们仍有借鉴价值。

君子之境

君子指的是具有很高道德水准的人，是一种理想道德的人格化形象。《周易》中有多处关于"君子"的论述，孔子更是给它赋予很高的人格和道德内涵，给后世树立了道德修养的标杆，据统计《论语》中"君子"一词出现了107次。君子在中华优秀传统文化中占有重要的地位，古人常用拟人化的手法以物喻人、以物喻德，如花中"四君子"的竹、菊、梅、兰，就有君子的品格特质，这是对君子人格形象化的概括。古人认为君子外表恭顺、内心坚韧，待人宽容、对己严格，光华内敛、毫不张扬，就如同美玉一般，因此古人讲："谦谦君子，温润如玉。"君子之境是儒家追求的一种崇高的人格，也是古代贤达孜孜以求的道德境界。

【人物典故】

颜回之乐　君子气象

颜回，字子渊，春秋时期鲁国人，杰出的思想家，儒家学派代表人之一，孔门七十二贤之首，被后世尊为"复圣颜子"。

颜回是孔子最得意的弟子，据说他13岁时就拜孔子为师。颜回的一生都是严格按照孔子的教诲做人做事，尤其是他安贫乐道的精神，尤为受孔子称道。颜回是我国古代早期君子型人格的典型代表人物之一。

有一次，颜回请教孔子说："老师，我认为一个人虽然出身贫穷，但应该本本分分，不能因为贫穷而感到耻辱；一个人身份卑微，但应该自尊自爱，不能因为卑微就在身份尊贵的人面前低三下四；不能依靠摆架子、耍威风来树立自己的威望；与朋友要患难与共。把这几条作为为人处世的标准，您认为怎么样？"孔子听后高兴地说："讲得好呀！如果一个人虽然贫穷，但不在富人面前自卑，安守贫穷，这样就没有了贪欲；没有地位也不觉得比尊贵的人低下，这样自然谦和；有礼貌，平等待人，不装腔作势，这样自然就会受人尊敬，不脱离大众；交朋友、讲信义、共患难，不说过头话，不办过头的事，这样就一定能搞好团结。如果你能做到这样几点，就是上古的圣贤也不过如此啊。"这就是孔子所讲的"吃粗粮，喝冷水，睡觉时弯着胳膊当枕头，快乐也就在这里面了，用不正当的手段得来的富贵，对我来说就像天上的浮云一样。"这也是颜回一生恪守为人处世的信念。

颜回以自己的实际行动践行人生信念和君子节操，他一生没有做官，从不向别人乱发脾气，不犯同样的错误，安于贫困，坚守志向。孔子赞叹说："多么贤德啊，颜回！吃的是一竹筐饭，喝的是一瓜瓢水，住在简陋的巷子里，别人都忍受不了这样穷苦的忧愁，颜回却不改变自己的快乐。多么有贤德呀，颜回！"这就是后世儒家总结的精神境界极高的"孔颜乐处"。

【典故解读】

君子之境侧重于个人的道德品格，体现了儒家学派"穷则独善其身，达则兼济天下"的理想信念，颜回一生坚守道义和君子操守，坚持正义，不因贫困改变志向，得到了孔子的极力称赞。在今天，做一名君子，就要培育和践行社会主义核心价值观，修身正己，尤其是面临困境时，更要遵纪守法，恪守社会公德和君子之道，堂堂正正、本本分分做人，坦坦荡荡、光明磊落做事。

【传承弘扬】

君子陶潜 高风亮节

陶渊明，又名潜，字元亮，号五柳先生，我国东晋时期大诗人，杰出的辞赋家、散文家。他去世后，朋友私谥"靖节"，所以又称"靖节先生"，被后世誉为"隐逸诗人之宗""田园诗派鼻祖"。

陶渊明是一位清高耿介、洒脱恬淡、质朴真率、淳厚善良、安贫乐道、志向高洁的君子。陶渊明祖上虽然曾做过大官，但出身寒微，家族政治地位不高。陶渊明幼年时父亲就去世了，家境很快衰落下来，为了养家糊口，陶渊明曾在离家乡不远的彭泽县担任县令。任职刚过了两个多月，上级官员来彭泽县来督察，按照规定县令应该穿戴整齐向上级官员行跪拜礼。陶渊明平时蔑视功名富贵，不肯趋炎附势，见惯了当时官场的黑暗，更不愿同流合污，欺压百姓，阿谀奉承。他长叹说："我不能为了五斗米的俸禄而折腰啊！"说罢取出官印封好，马上写好一封辞职信，就离开只当了80多天县令的彭泽县，并写了一篇《归去来兮辞》，隐居起来。陶渊明晚年非常贫穷，甚至到了受冻挨饿的地步，但他始终不改初衷，不肯丧失做人的准则，依然坚守君子节操，亲自耕地种田，自得其乐。

"采菊东篱下，悠然见南山。"陶渊明喜欢"花中四君子"中的菊花，菊花也因陶渊明而声誉大增。菊花不畏严寒、品质高洁，最能体现陶渊明不畏权贵、志向高洁、甘于平淡、洒脱隐逸的君子人格和风度。

仁者之境

仁者指的是具有极高的道德修养和德行的人，儒家认为仁者必须具备"仁、义、礼、智、信、温、良、恭、俭、让"等这些美德。先周时期，文王就以仁德而闻名于诸侯，赢得了天下归心，这就是仁者无敌的体现。武王、周公、召公等都是仁德之士。在中华传统文化中，仁者之境是一种非常高的道德境界，即要求做人做事要以仁为核心、为根本，要爱一切人、爱一切物。达到仁者之境的人必然具有悲悯之心、富有仁爱之心，为人正直、处事公正、睿智聪慧，诚实守信、扶危济困、乐于助人。

【人物典故】

亚圣孟子　仁者风范

孟子，名轲，字子舆，我国战国时期杰出的思想家、政治家、教育家，儒家学派代表人物之一，他与孔子并称"孔孟"，被后世尊为"亚圣"。

在我国古代历史上，孟子的地位非常崇高，是仅次于孔子的"亚圣"。相传孟子曾拜孔子的孙子孔伋（字子思）为师，他继承了孔子的学说，并将其发扬光大，对儒家学派贡献非常大，以至于后世将儒家学说称为"孔孟之道"。孟子年少时父亲就去世了，母亲含辛茹苦抚养他长大。为了培育他成才，曾多次搬家，还剪断没有织好的布匹，教育他不要半途而废，荒废学业。有一次，邻居在杀猪，孟子问母亲："邻居杀猪干什么？"母亲随口说："给你吃肉啊！"刚说完就后悔了，但为了教育孟子要诚实守信，就买一小块肉做给他吃。在母亲的言传身教下，孟子的学问与人品迅速提高，最终成为名闻天下的儒学大师。与孔子非常相似，孟子一生在政治上不得志，他也周游列国，宣扬"王道"与"仁政"思想，但他的政治主张不被诸侯国采纳。后来孟子回到故乡聚徒讲学，著书立说，从事教育工作，并认为"得天下英才而教育之"才是人生最快乐的事情。

孟子将孔子的"仁爱"思想发展为"仁政"思想，并提出了"王道""君轻民贵""仁者无敌""舍生取义""养浩然正气"等重要思想。孟子认为仁、义、礼、智四种美德是人与生俱来的善良本性，分别代表着恻隐之心、羞恶之心、恭敬之心和是非之心，是必须发扬光大的。孟子主张人与人之间要互相敬爱、和谐相处，尊敬别人家的老人就像尊敬自己家的老人一样，爱护别人家的孩子就像爱护自己家的孩子一样。孟子认为实施仁政就是行王道，周文王治理西岐时，社会安定，百业兴旺，百姓安居乐业，是实施仁政的典范。孟子还绘制了仁政下百姓美好生活的蓝图：分给百姓五亩大的宅园，种植桑树，那么，50岁以上的老人都可以穿丝绸了。鸡狗和猪等家畜，百姓能够适时饲养，那么，70岁以上的老人都可以吃肉了。孟子认为"民为贵，社稷次之，君为轻"。（即人民是国家的根本，君主和王朝都可以改立更换，只有人民是不可更换的）因此，人民是最重要的。孟子是一位真正的仁者。

【典故解读】

孟子提倡仁政，认为人的天性具有真善美，主张人与人之间应该互相友爱、互相帮助、互相尊重。他重视同情人民群众，反对苛政，是一个真正意义上的仁者。在今天，做一个仁者，弘扬孟子的思想，就要剔除封建糟粕，传承符合新时代特征和公民道德要求的思想。例如：忠就是忠于国家和人民；孝就是孝亲敬老，赡养老人；仁就是推己及人，互敬互谅，互帮互助，和谐相处；义就是坚守真理，维护正义；礼就是举止文明，礼貌待人；智就是明辨是非，公正公平。

【传承弘扬】

横渠张载　关学宗师

张载，字子厚，我国北宋时期著名的思想家、哲学家、教育家、关学创始人、一代儒学宗师，与北宋著名思想家周敦颐、程颢、程颐、邵雍并称"北宋五子"。张载一生的学问事业大多数都成就于陕西省眉县横渠镇，所以后世尊称他为"横渠先生"。

张载少年时父亲去世，生活备受艰辛，这使他心智成熟得比较早，少年老成。张载志向远大，兴趣广泛，学习刻苦，还喜欢讨论兵法，青年时希望在疆场效力、报效朝廷，为此上书当时著名政治家范仲淹。范仲淹认为张载是可以造就的良才，劝他在儒学上下功夫，将来必成大器。在范仲淹的引导下，张载刻苦学习，最终创立了自己的学术体系——关学，成为一代儒学宗师。张载为官一任，造福一方，积极实践自己的改革主张，希望扭转北宋积贫积弱的不利局面。

最能体现张载仁者风范的有两个方面：一是张载提出"民胞物与"的博爱思想，即"民，吾同胞；物，吾与也。"意思是天下百姓是我的同胞兄弟姐妹，世间万物是我的朋友，要爱一切人，爱一切物。二是张载为自己立下宏伟的人生理想和政治抱负，即"为天地立心、为生民立命、为往圣继绝学、为万世开太平"。这四句话被现代著名哲学家冯友兰概括为"横渠四句"，这体现了张载作为一名知识分子的良知与责任，以及一位仁者的家国情怀与使命担当。他要为真理、为学术、为天下、为后世勇于担当重任，开万世太平，这是他一生都在身体力行的座右铭，也成为后世知识分子和仁人志士的人生志向与理想抱负。张载一生做官的时间不长，他大部分时间在眉县乡里试验井田、兴修水利、著书立说、传道讲学，积极践行"为天地立心、为生民立命、为往圣继绝学、为万世开太平"的使命。张载晚年对自己一生的学术成就作了总结。

张载一生以天下为己任，关心百姓疾苦，为民请命，他认为教育的根本目的是通过教育使人成为圣贤，从而关注民生和现实，用道德行为来影响和教化百姓，为天下民众和后世子孙谋求长远利益。张载将自己一生的大部分时间和精力用在著书立说、教书育人、为民谋利上，他在关中地区兴教办学，以德育人，使关中地区人才辈出，民风淳厚。

大贤之境

古诗云："大贤秉高鉴，公烛无私光。"大贤指的是道德非常高、才能非常出众的人。大贤与圣人不同，大贤既神秘又接地气，为寻常百姓所喜闻乐见，他们的人品道德是时代的标杆。他们出将入相，文能治国，武能安邦，具备治国济世大才，功业道德堪称时代翘楚。早在商周时期，统治者们就渴望得到大贤的辅佐，如辅佐商汤建立商朝的伊尹，辅佐武丁实现商朝"中兴"的傅说，尤其是文王渭水访贤请姜太公出山，成为千古流传的佳话。在我国古代社会，上到帝王将相，下至平民百姓，都渴望大贤治理国家，这成为一种独特的文化现象。正如曹操在《短歌行》中所写"山不厌高，水不厌深。周公吐哺，天下归心。"代表了历代政治家求贤若渴的心声。

【人物典故】

太公佐周　大贤典范

姜太公，字子牙，号飞熊，后世称太公望、师尚父，著有兵法《六韬》。姜太公是我国商周之际赫赫有名的政治家、军事家、韬略家、兵学奠基人，被后世尊为兵家鼻祖、武圣和百家宗师，成为与文圣人孔子相对应的武圣人，受历代帝王和百姓祭祀。相传他封神时，将自己封为醋坛神，今天周原一带农家酿醋仍然要供奉醋坛神。

姜太公祖上在尧、舜、禹时期担任过"四岳"官职，因辅佐大禹治水有功，被封到吕地，建立吕国，所以又称吕望、吕尚。到姜太公这一代，家族早已没落，过着贫困潦倒的生活，甚至无法维持基本的生活。后来，他流落到齐地，当了上门女婿，受尽了屈辱。在商朝末期，纣王无道，民不聊生，姜太公为了维持生计，在商朝都城朝歌一带当小贩，闲暇时去大户人家干些杂活，补贴家用，甚至还干过杀猪宰羊的屠夫营生。即使这样，也只能过着饱一顿，饥一顿的日子。姜太公对商王朝曾一度抱有幻想，他见纣王荒淫无道，大失所望，就游说其他诸侯国国君，依然得不到重用。后来，尽管他感到自己年纪大了，准备在东海之滨的老家安度晚年，但仍然"老骥伏枥，志在千里"，没有放弃志向，等待时机。他听说西岐在周文王的治理下政通人和，百姓安居乐业，周文王又能尊敬贤士，善养老人，就来到西岐城外渭水边过着悠闲的垂钓生活，静待时机。

周文王的父亲季历、长子伯邑考都是被商王杀害，他从羑里回到西岐后，身负国仇家恨，准备积蓄力量，推翻商纣的残暴统治。于是经常外出一边了解民情，一边寻访大贤，终于在渭水之滨寻访到姜太公，并拜姜太公为太师，在当时，这是一人之下、万人之上，文武兼管的最高官职。在姜太公的辅佐下，周文王发展生产，编练军队，受命称王，先后讨伐犬戎和密须，解除了后顾之忧。接着又灭掉了商朝的附属国崇国，扫清了讨伐商纣道路上的障碍，为推翻商朝统治奠定了基础。

文王去世后，武王对姜太公非常尊敬，继续让他担任太师一职，还尊他为"师尚父"，即视姜太公如师如父。在姜太公的辅佐下，武王继续壮大国力，终于在牧野之战中打败商朝军队，推翻了商纣王的残暴统治，建立了西周王朝。在西周王朝建立和巩固政权的过程中，姜太公立下了汗马功劳，因此被封到营丘，建立齐国，成为齐国开国君主和齐文化的始祖、诸侯之长。齐国在姜太公的治理下，很快民富国强，成为东方强大的诸侯国。武王病逝后，姜太公与周公、召公等重臣一起辅佐成王，并协助周公东征，平定了"三监"叛乱，稳定了局势。成王病逝后，又受命辅佐康王。在他与周公、召公等共同辅佐下，开创我国历史的盛世——成康之治。

古人说："大德必寿。"姜太公不仅是大器晚成的典范，而且是很长寿的人，先后辅佐文、武、成、康四代君主，在康王六年病逝，相传他活了139岁，尽管有夸大的成分，但他长寿是无疑的。

【典故解读】

姜太公是一位出将入相，文能治国、武能安邦的全能型人才，他以崇高的人格、恢宏的智慧、坚韧的毅力、不朽的功业、非凡的魅力，被后世神化为庇佑百姓、守护平安的神明，成为历代百姓和帝王极为推崇的圣贤，在民间享有很高的声望。在今天，学习圣贤，就要在提高自身道德修养的同时还要树立报效国家、服务社会、服务人民，以及为实现中华民族伟大复兴而努力奋斗的远大志向，并付诸实际行动之中。

【传承弘扬】

诸葛武侯　千秋贤相

诸葛亮，字孔明，号卧龙，琅琊阳都（今山东省沂南县）人，三国时期蜀国丞相，我国古代杰出的政治家、军事家、文学家，被视为智慧的化身，代表作品有《出师表》《诫子书》等。诸葛亮还是个发明家，相传八阵图、诸葛连弩、木牛流马、孔明灯等都是他发明的。

诸葛亮生活在东汉末期，当时军阀混战，社会动荡，东汉王朝名存实亡。诸葛亮青年时为躲避战乱隐居隆中，他志向远大，胸襟不凡，常常将自己比作古代大贤管仲、乐毅，一边种田，一边研究学问，等待时机。当时，刘备依附刘表，恰好也在荆州。刘备胸怀大志，希望恢复汉王朝的统治，听说诸葛亮是当世大贤，就三顾茅庐，请诸葛亮出山辅佐。诸葛亮为刘备制定了总揽贤才，占据荆州、益州，东联孙权，北拒曹操，三分天下，成就霸业，兴复汉室的战略方针，这就是著名的隆中对。

刘备得到诸葛亮后，如鱼得水，尽管他比诸葛亮大20岁，但他非常尊重和信任诸葛亮。在诸葛亮的辅佐下，刘备势力不断壮大，一步步实现了隆中对的总体战略方针。赤壁之战后，刘备夺取益州，实现了三分天下据其一的目标，与北方的曹魏政权、东南的孙吴政权鼎足而立。后来，孙权派兵夺取荆州，杀害了关羽，刘备以为关羽报仇为名发动夷陵之战，夷陵之战失败后，蜀汉政权优势丧失殆尽，为后来的灭亡埋下了伏笔。刘备在白帝城临终前把太子刘禅托孤于诸葛亮，并表示如果刘禅不值得辅佐，诸葛亮可以取代他，还要求刘禅对待诸葛亮要像对待自己那样。

刘禅即位后，封诸葛亮为武乡侯，主持军国大事，从此蜀国的大小事务都由诸葛亮决断。诸葛亮忠心耿耿，把蜀国治理得井井有条，他平定南方孟获叛乱后，为了实现刘备兴复汉室的遗愿，呕心沥血，多次北伐，在最后一次北伐途中，病逝于五丈原（今陕西省岐山县）。蜀国灭亡时，诸葛亮的儿子诸葛瞻、孙子诸葛尚壮烈阵亡，为国殉难。相传，诸葛亮的成就离不开他的妻子黄月英，黄月英是当时名士黄承彦的女儿，她相貌平平，但德行和智慧却不亚于诸葛亮，是诸葛亮的贤内助。

诸葛亮以其人格魅力和道德功业征服了后人，历朝历代，上到帝王将相、下到平民百姓对他评价非常高。诗圣杜甫非常崇拜诸葛亮，多次写诗赞美，如"诸葛大名垂宇宙，宗臣遗像肃清高""三顾频烦天下计，两朝开济老臣心""功盖三分国，名成八阵图"等等。诸葛亮27岁出山，54岁病逝于五丈原，27年里尽心辅佐刘备、刘禅父子两代蜀汉皇帝。他出将入相，文能治国、武能安邦，祖孙三代为国尽忠、死而后已。诸葛亮是我国古代帝王和百姓心中理想圣贤的化身，被后世誉为千秋贤相。

圣人之境

圣人是指人格、德行和智慧都达到至真、至善、至美的境界，且对国家和人民有大功德的人。圣人之境是将自身的德行与天道法则相结合，即古人所讲的"与天地合其德，与日月合其明"，达到天人合一、大公无私的至高境界，是最高的道德境界。我国古代有崇拜圣人的传统，并提出了"内圣外王"的政治理想，即内有圣人的才德，对外施行王道。在历史上能称得上圣人的只有尧、舜、禹、文王、周公、老子、孔子等寥寥数人，古人认为孔子之后再无圣人，孟子只是亚圣而已。人们习惯把某方面有突出成就的也称为圣，如酒圣杜康、诗圣杜甫等，还将历代皇帝恭维为圣，但都不是道德意义上的圣人。

【人物典故】

元圣周公　圣哲典范

周公，姬姓，名旦，我国西周初期杰出的政治家、军事家、思想家、教育家，古代教育思想和伦理道德学说的奠基人，被后世尊为"元圣"和儒学先驱。

古人将立德、立功、立言称为"三不朽"。历史上能够做到"三不朽"的人屈指可数，周公是第一人，他的人格、德行、智慧和功业达到至真、至善、至美的境界，他是对后世产生深远影响的大圣人。周公辅佐文王、武王在周国崛起和周王朝建立过程中，立下了不朽的功勋，但成就他圣人美名的功业却是在侄子成王时期建立的。

　　《尚书大传》将周公一生的主要功业概括为："周公摄政，一年救乱，二年克殷，三年践奄，四年建侯卫，五年营成周，六年制礼作乐，七年致政成王。"西周王朝建立不久，武王病逝，政权还没有巩固，各种制度还没有建立，民心不稳，危机四伏，当时成王只有13岁，不能治理国家。在这种情况下，周公毅然担当起历史大任，摄政管理国家全部事务。这样引起了周公的哥哥管叔的强烈不满，他认为自己年长，应该由自己来摄政。于是他放出流言说周公要篡权夺位，还联合蔡叔、霍叔伙同纣王的儿子武庚发动"三监之乱"。周公向太公、召公等重臣表明心迹，争取他们的支持，率领大军东征，花了三年时间平息了叛乱，开拓了大片疆土。为了巩固东征胜利成果，周公分封了71个诸侯国，其中王室宗亲占53个，这些诸侯国成为保卫中央政权的屏障。为了加强对东方殷商残余势力的控制，周公在洛邑营建了东都，称为"成周"，意思是成就周朝的功业，将旧都镐京称为"宗周"。这一宏大的工程用了近三年时间，在洛邑营建过程中，周公把商朝贵族中对西周政权怀有敌意的人迁到这里进行改造。洛邑成为周王朝新的政治、经济、军事和文化中心。周公对当时和后世最大的贡献就是制礼作乐，这是他成为圣人最重要的原因之一。在摄政第六年时，为了实现国家的长治久安，周公主持了制礼作乐这项宏大的工程，他负责制定了一套影响深远的礼乐典章制度，开启了中华文明发展的新阶段，奠定了我国礼仪之邦、文明古国的地位。

　　周成王20岁时，恰好是周公摄政第七年，这时政权已经稳固，国家一切步入正轨，周公果断把政权还给成王，表现出一位大政治家的深谋远虑和高风亮节。周公接手的是一个内忧外患、危机四伏的政权，还政于成王的是一个四海宾服、天下归心的太平盛世。周公还政后兢兢业业，不遗余力地辅佐成王，开创了我国历史上第一个盛世——成康之治。周公还十分注重家庭教育，在他的悉心教导下，许多王室子弟都成为国家的栋梁之材。周公在治理国家的过程中，写了大量体现自己治国思想的文诰被收在《尚书》中，成为后世帝王学习治国之道的必读经典。周公去世前要求将自己安葬在洛邑，表示自己不敢离开成王，始终是成王的臣子。周公去世，成王认为周公功勋显赫，道德崇高，不敢将他作为自己的臣子，于是将周公和文王安葬在一起。

周公是后世公认的大圣人，尤其是儒家学派创始人孔子非常崇拜他，后世将他们并称"周孔"。周公主要有两个方面的历史功绩：一是在政治教化方面，他制礼作乐，奠定我国古代典章制度和礼乐文化的基石；二是在人品道德方面，他辅佐三代君王，吐哺握发、礼贤下士，赢得天下归心，树立了忠臣贤相的千秋典范，成为道德和功业上完美无缺的大圣人。

【典故解读】

《左传》中讲："太上有立德，其次有立功，其次有立言。虽久不废，此谓之不朽。"历史上能够同时做到立德、立功、立言的人寥寥无几。周公却在立德、立功和立言三个方面为后人树立了一座难以企及的高峰，就连大圣人孔子也自叹不如。亚圣孟子从性善论出发，提出了人人都可以成为尧舜那样的圣人的理论。明代大儒阳明先生王守仁继承这一思想，进一步指出只要在实际行动中实践自己的良知，知行合一，人人都可以成为圣人。尽管圣人是古人理想化人格的最高层次，是一种高不可攀的道德境界，但在今天并不妨碍我们将它作为修身养性、涵养德行、提升人生境界的目标和方向。

【传承弘扬】

至圣孔子 万世师表

孔子，名丘，字仲尼，春秋时期鲁国（今山东省曲阜市）人，我国古代伟大的思想家、教育家、儒家学派创始人。他被后世尊为"文圣""大成至圣先师""万世师表"，成为"百世文官表，历代帝王师"。也是当今世界级的文化名人，曾被列为世界十大思想家之首。

春秋时代是一个王室衰落、礼崩乐坏、诸侯争霸、社会动荡的乱世。孔子就生活在这样的乱世，他出生于一个没落的贵族家庭，3岁时父亲就去世了。相传孔子是个私生子，因此孤儿寡母在分家产的过程中得不到孔家承认，母亲含辛茹苦抚养他长大，为了生活，他还担任过仓库管理员和管理牲畜的小官。孔子志向远大，勤奋好学，崇尚周礼，胸怀天下，以匡世救民为己任。不到20岁时，人品学问就已经有了圣人的气象。相传他曾向老子请教过周礼，向师襄学习过弹琴。孔子30岁时，在诸侯中声名鹊起，开始招收弟子讲学，宣扬自己的政治主张。相传孔子一生共有弟子3000多人，著名的有72人。

孔子创立了以"仁"为核心的道德学说，主张为政以德，用"仁"和"礼"来治理国家（即用道德和礼教来治理国家），最终建立一个天下为公的大同社会。孔子还反对统治者残酷剥削百姓的苛政，同情下层人民，发出了"苛政猛于虎也！"的感叹。孔子35岁时，满怀豪情壮志，走上救国救民的道路，他十年从政，十年游说，十年颠沛流离。在诸侯争霸的动荡社会中，孔子的政治主张不合时宜，因而得不到采纳，四处碰壁，周游列国时，困在蔡、陈两国，甚至被追杀，但孔子仍然坚持不懈，这种"明知不可为而为之"的精神值得人们学习。孔子有几年曾在鲁国担任过中都宰、司寇、代"相"之类的官职，他尽职尽责，成绩卓著，充分表现出作为政治家卓越的政治才能。后来，孔子与鲁国新的掌权者政见不合，就离开了鲁国。

孔子68岁时回到家乡，他将希望寄托在自己的学说的传承与弘扬上，并通过两项工作来实现这一目标。一是整理修订"六经"（《诗经》《尚书》《礼》《乐》《易》《春秋》）等文献典籍，将自己对政治、经济、社会、伦理等方面的主张与理想渗透进去；二是从事教育工作，不问出身的高低贵贱，广泛招收弟子，传授自己的学说。这正是孔子被后世尊为"孔圣人"的重要原因。公元前479年，孔子逝世，享年73岁。孔子对自己一生作了精辟的总结："吾十有五而志于学，三十而立，四十而不惑，五十而知天命，六十而耳顺，七十而从心所欲，不逾矩。"（《论语·为政》）民间谚语说"七十三，八十四，阎王不请自己去。"相传是因为大圣人孔子活了73岁，亚圣孟子活了84岁，可见民间对两位圣贤的尊敬。

孔子的言论思想被收录在《论语》中，成为古人治国理政、为人处世必读的典籍，也是历代科举制度指定的最重要的教科书之一，北宋就有"半部《论语》治天下"的典故。从《论语》中看，孔子并不像一位高高在上、带有神秘色彩的大圣人，更像一位和蔼可亲的老人，有时还带点幽默。他所创立的儒家学说是中华文化的主流，自西汉以来成为帝王治国理政、教化百姓的法宝，尤其是自宋朝以来，影响到我国社会的方方面面，上到帝王将相、下到平民百姓，无不深受孔子的影响，并在东亚地区形成了儒家文化圈。

古人认为立德、立功、立言是人生的"三不朽"，能够做到就是圣贤了。有人认为孔子做到了立德、立言，没有大功，但儒家学说对后世产生了深远的影响，恰恰是孔子的大功德。在我国封建社会，历代帝王出于巩固皇权的目的，对两大府邸世代册封，一个是江西龙虎山的天师府；另一个就是山东曲阜的孔府。孔子在我国古代享有崇高的地位，他的嫡子嫡孙被历代帝王册封为"衍圣公"。史圣司马迁认为："自天子王侯，中国言六艺者折中于夫子，可谓至圣矣！"可以毫不夸张地讲，在我国古代社会，很少有人的现实影响力是能够超越孔子的。

参 考 文 献

［1］孟子等：《四书五经》，中华书局2009年版。

［2］司马迁：《史记》，中华书局2006年版。

［3］王应麟：《三字经》，北方联合出版传媒股份有限公司、万卷出版公司2011年版。

［4］罗国杰主编：《中国传统道德》六卷本，中国人民大学出版社1995年版。

［5］罗国杰主编：《中国传统道德普及本》，中国人民大学出版社1995年版。

［6］李楠主编：《诸子百家》，辽海出版社2016年版。

［7］汤一介主编：《中华人文精神读本》四卷本，北京大学出版社2012年版。

［8］刘修明主编：《话说中国丛书》，上海文艺出版社2003年版。

［9］汪石满主编：《中华文化精要丛书》，安徽教育出版社2003年版。

［10］钟陵、程杰：《中国文人风情大观》，海南大学出版社1990年版。

［11］张岂之主编：《中国历史》，高等教育出版社2001年版。

［12］冯友兰著：《中国哲学简史》，新世界出版社2004年版。

［13］张岂之主编：《中国思想史》，西北大学出版社1993年版。

［14］北京大学哲学系中国哲学教研室著：《中国哲学史》，北京大学出版社2003年版。

［15］孙培青主编：《中国教育史》，华东师范大学出版社2006年版。

［16］张岂之、史念海、郭琦主编：《陕西通史》，陕西师范大学出版社1997年版。

［17］袁行霈主编：《中国文学史》，高等教育出版社2005年版。

［18］政协岐山县委员会：《周文化丛书》（全八册），中国文史出版社2015年版。

［19］《典说周文化》编委会：《典说周文化》，西安地图出版社2017年版。

［20］岐山县地方志编撰委员会：《岐山县志》，陕西人民出版社1992年版。

［21］岐山县地方志编撰委员会：《岐山县志》（1990—2010），三秦出版社2017年版。

［22］曹洪金：《中华上下五千年》，北京燕山出版社2011年版。

［23］张岂之主编：《中华传统文化》，高等教育出版社2010年版。

［24］马敏主编：《中国文化教程》，华中师范大学出版社2002年版。

［25］曹胜高、赵明主编：《中华优秀传统文化读本》，陕西师范大学出版社2016年版。

［26］田广林主编：《中国传统文化概论》，高等教育出版社1999年版。

［27］凝翠崖、秋风清编著：《中国文化知识精华一本全》，中国华侨出版社2012年版。

［28］王会主编：《中华传统美德故事》，新疆人民出版社2009年版。

［29］李翔主编：《大国学小经典读本·论语》，长江出版社2011年版。

［30］贺年主编：《世界经典名言警句金榜》，内蒙古人民出版社2003年版。

［31］岐山县关心下一代工作委员会等编：《岐山好家教好家风风采录》，2022年版。

后　记

　　"世上无难事，只要肯登攀。"在岐山周文化研究会同仁的大力支持和帮助下，历经一年多的努力，《周文化传承丛书·德行卷》终于完成，此刻感慨良多。编撰《德行卷》的过程实际上是我对周文化持续学习、深入思考和加深理解的过程，既有喜悦，又有彷徨，如人饮水，甘苦自知。在这个过程中，我深切感受到先哲的伟大和周文化的博大精深，也认识到自己的浅薄与不足。《礼记·学记》云："是故学然后知不足，教然后知困。知不足，然后能自反也；知困，然后能自强也。"我相信，这一经历必将使我在今后学习、思考、传承与弘扬周文化的工作中受益匪浅。同时，也希望这本《德行卷》对传承和弘扬周文化起到一定的积极作用。

　　编撰《周文化传承丛书》八卷本，是新一届周文化研究会班子带领研究会同仁为深入贯彻落实岐山县委、县政府"做活周文化"战略部署而打造的一项系统性文化工程，这也是岐山县自2015年《周文化丛书》八卷本出版以来又一套传承周文化、弘扬社会主义核心价值观的系列丛书。我有幸承担了《德行卷》和《诚信卷》的编撰工作，这对我而言，既是莫大的信任，又是难得的学习和锻炼机会。为了完成这项艰巨工作，我严格按照《编撰大纲》，经过深思熟虑，反复斟酌，并征求研究会同仁们的意见，拟定章节，经编委会审定后，开始编撰工作。

2015年2月，习近平总书记在陕西视察时指出："对历史文化，要注重发掘和利用，溯到源、找到根、寻到魂，找准历史和现实的结合点，深入挖掘历史文化中的价值理念、道德规范、治国智慧，做到以文化人，以史资政。"这为我们学习、研究、挖掘、传承、弘扬周文化指明了方向。周人的道德观念深深地扎根于他们的历史文化之中，尽管许多具有超越时空的生命力，但毕竟有着时代的局限性。因此，在编撰《德行卷》过程中，我坚持以社会主义核心价值观为引领，按照"古为今用、推陈出新、取精弃糟、传承发展"的原则，同时兼顾了通俗性、故事性和可读性等要求进行编撰工作。《德行卷》分六章内容：第一章个人品德、第二章家庭美德、第三章职业道德、第四章社会公德、第五章道德修养、第六章道德境界。第一章10节，第六章4节，其余各章均为8节，每章节前都有引言，其中，前四章每节由引言、历史典故（周文化典故）、典故解读、传承弘扬（历史故事）、学习践行（当代岐山人先进事迹）五个环节构成，后两章每节由四个环节构成。应该注意的是，有些中华传统美德在类型划分上界限并不明显，具有交叉性特征，比如爱国、尊师、感恩等既可以视为个人品德，也可以看作社会公德，这在不同章节中都有所体现，我根据编撰工作需要，进行相应划分编排。

《德行卷》得以顺利完成，离不开研究会同仁的大力支持和帮助，研究会诸位领导及同仁的关怀、支持、指导和帮助使我受益匪浅。此外，我翻阅了大量的典籍资料，借鉴了学界前辈们和岐山同仁们的研究成果，采用了《醉美岐山人》《岐山好家教好家风风采录》《陕西日报》《宝鸡日报》等书刊和网络平台，以及县文明办、县关工委等部门提供的当代岐山先进人物事迹材料，并在文后注明，以示尊重。在此，一并表示衷心感谢。

　　鉴于本人学识水平有限，失误和不足之处在所难免，敬请专家学者及广大读者不吝赐教！

马庆伟

2023 年 2 月

跋

2021年10月，我有幸当选为第三届岐山周文化研究会会长，在会员代表大会上，我表态要学习继承前任经验，按照创造性转化、创新性发展的思路，拓宽研究领域，在周文化传承践行上下功夫、做文章，使地方优秀传统文化更好地服务于经济社会发展。按照县委、县政府"做活周文化"战略部署，经过反复讨论，我们提出编撰一套《周文化传承丛书》，涉及《勤廉卷》《德行卷》《诚信卷》《家风卷》《教育卷》《孝道卷》《礼俗卷》《人物卷》共八卷，挖掘整理历史典故和民间故事，垫实基础文化资料，找准主题内容的源头，然后从历代传承入手，理清传承人物和传承故事，包括岐山人的传承践行事迹。要求语句通俗易懂，不穿靴戴帽，成为大众通俗读本和老百姓的"口袋书"。思路理清后，我们召开周文化研究会常务理事扩大会议，反复修改讨论，广泛征求意见。同时，征求了宫长为、孟建国、范文、霍彦儒、王恭等专家学者的意见和建议，并与杨慧敏、郑鼎文、刘剑峰同志反复沟通协商，提出编撰大纲。再次召开周文化常务理事扩大会议，进行讨论修改，落实撰写人员，明确分工任务，确定完成时限。随后，我向县委书记杨鹏程、县长张军辉分别汇报，得到了领导的肯定和支持，要求抓紧编撰，打造周文化传承精品工程。

　　《周文化传承丛书》八卷本大纲确定之后，各位撰稿人踊跃积极撰写，主动走访座谈，广泛搜集资料。年逾古稀的老会长郑鼎文先生冒着酷暑，坚持每天撰写在10小时以上。刘剑峰同志为了搜集孝道方面的内容，翻阅了大量文史资料，走访了多名文化人士，当他搜集到历代岐山人传承孝道的感人故事时，流下了热泪，为岐山人传承孝道而感动。青年作者马庆伟同志，承担着《德行卷》和《诚信卷》两大编撰任务，他白天忙于机关工作，利用晚上和休息日加班撰写，有时写到天亮，家属多次催他休息，他趴在桌子上打个盹又继续写作。每位编撰人员认真勤奋刻苦敬业的编撰故事，件件令人感动，催人奋进！有的作者风趣地说，《周文化丛书》人称"周八卷"，我们现在编撰的是"新八卷"，新八卷是《周文化丛书》的继承和发展。编委会要求高质量完成编撰任务，既要体现周文化的博大精深，又要传承发扬光大，从而使周文化深深扎根于读者的心坎里！

　　《周文化传承丛书》的编撰发行，离不开各级党政组织和社会各界的大力支持与厚爱。宝鸡市社科联周文化资深学者王恭先生，担任本丛书编辑和统稿工作，从2022年10月开始，王恭先生对送来的丛书初稿，按照体例要求，逐字逐句推敲，认真仔细修改，为丛书出版做出了贡献！中国先秦史学会会长宫长为先生对丛书编撰给予精心指导，并为本丛书作序，对丛书给予充分肯定，鼓励要求我们大力挖掘周文化资源，花大力气传承周礼优秀文化，使周文化彰显璀璨魅力。县人大常委会主任王辉，县政协主席刘玉广对丛书编撰出版工作给予大力支持、精心指导。县委常委、宣传部部长王武军对丛书编撰工作高度重视，要求高质量完成编撰任务。县文化和旅游局局长杨慧敏在丛书编撰过程中，从历史典故、历代传承到现代传承提出了意见和建议，对丛书出版予以精心指导。在出版社审稿期间，马庆伟同志对书稿又进行认真核校，并与出版社衔接沟通，精益求精，力求做到万无一失。

由于丛书编撰时间紧迫，内容还缺乏系统性和完整性，词汇和语句有许多不足和缺陷，有些典故和传承故事难免出现重复，望广大读者给予指导雅正，以便更进一步做好编撰工作。

岐山周文化研究会会长　傅乃璋

2023 年 12 月